맨발로 현장 시리즈 2

맨발로
행복한
아이들

이정안

함께 걸어서
행복했습니다

맨발걷기 2000일,
나는 신기하게도 맨발걷기는 할 때마다
첫날의 설레임이 샘솟는다는 사실에 놀라곤 한다.

2017년 대청초에서 맨발걷기를 학교중점 특색으로 시작하면서 아이들과 함께 나누는 기쁨이 되었다. '빨·주·노·초·파·남' 무지개색 티셔츠를 입고 함께 한 맨발걷기는 행복 호르몬과 건강 에너지로 운동장을 가득 채웠다.

2019년 복현초로 오면서 '두뇌기반 배움 놀이', 북구청 예산 등의 지원을 받아 담임선생님들이 자율적으로 맨발놀이를 학교교육과정에 재구성하여 실천하였다.
2020년 시작부터 코로나19 팬데믹 속에서도 복현의 넓은 운동장에서 웃고, 걷고, 달리고 이야기하는 행복한 아이들로 가득 차 있다. 비대면 사회 속에서 아이들과 함께 맨발걷기를 하여 더욱 행복했다.

운동장을 다시 한번 아이들 웃음으로 가득 채운
'명품 맨발초등학교'로 자리잡아 자부심을 느낀다.

『맨발로 행복한 아이들』은 모두 4부로 구성되었다.
1부 대청초에서 맨발걷기 시작하다, 2부 맨발걷기 복현초등 교육의 중심에 두다, 3부 코로나19 비대면 속 맨발이 답이다, 4부 맨발을 꿈꾸는 복현 시선들 등으로 나눴다.
1부는 대청초등에서 맨발걷기를 학교 교육 속으로 집어넣고 시행착오를 거쳐 정착되기까지의 과정이라면, 2부는 새로 옮겨온 복현초등에서 맨발걷기 교육이 뿌리내리게 하는 일이었다. 3부는 2020년 새해 벽두부터 코로나19의 역습으로 마스크를 끼고 사회적 거리두기 속에 전 세계가 마비되었다.
학교 교육 현장도 예외는 아니었다.
그리하여 비대면 사회 속에서 역병을 극복하는 힘으로써 맨발의 중요성을 다루었다. 4부는 복현초등 학생들의 글과 그림, 학부모의 엽서 그림, 선생님들의 맨발 체험담을 실었다.

『맨발로 행복한 아이들』이 출간되기까지
많은 분들의 도움을 받았다.
맨발걷기를 시작하면서 격려와 조언을 해주신
맨발학교장 권택환 교수님께도 감사드리며,
또한 함께 걸어온 아이들과 선생님들께도
고마움과 기쁨을 나누고 싶다. 특히 어려운 여건 가운데서
〈맨발로 현장 시리즈〉를 기획하고, 인터뷰와 출판에 심혈을
기울여 주신 만인사 박진형 대표님께 깊은 감사의
말씀을 드린다.
『맨발로 행복한 아이들』이 우리나라 맨발교육의
길라잡이가 되기를 소망해본다.

2021년 9월
복현초등 교정에서

차례

2 —— 맨발걷기 복현초등 교육의 중심에 두다

차
례

3 —— 코로나19 비대면 속에 맨발이 답이다

4 —— 맨발을 꿈꾸는 복현 시선들

2017 2018

'빨·주·노·초·파·남'
무지개색 티셔츠를 입고
수백 명이 함께 걷다가
첫 수업 종이 치면
아쉬워하면서도
활기차게 교실로 향하는 모습은
언제나 감동적이었다.

1

대청초에서 맨발걷기 시작하다

7560 플러스
아침 맨발걷기 운동

나의 맨발걷기는 2017년 4월부터 시작하였다.
대학 동기인 대구남덕초등학교 전경희 교장의 권유로
양말을 벗고 땅 위에 첫발을 올려놓는 순간, 알 수 없는
희열과 생동감을 온몸으로 느꼈다.
40여 년 세월 동안 교직에 몸 담고 있으면서
새로운 활력소가 필요할 즈음 맨발걷기는
나에게 새로운 선물처럼 다가왔다.

교장 첫 임지인 대청초등학교에서
맨발걷기를 교육 현장에 본격적으로 도입하였다.
대구시교육청의 권장 사업인 아침 운동에 맨발걷기를 도입하여
대청초등 교육 활동의 기본 바탕으로 삼았다.

맨발걷기를 교육 현장에 정착시켜 볼 방안을 고민하던 중
대구광역시교육청 아침 운동을 중시하는
7560 플러스 운동 공모에 신청하여 예산을 지원받았다.
또한, 수성구청에서 각 초등학교를 대상으로 지원하는
특색사업 지원금도 맨발걷기 활성화에 활용하였다.

7560 플러스 운동은
1주일에 5번, 하루에 60분 이상 운동하는 것을 말한다.

7560 플러스 운동은
등교하여 하교할 때까지 하는 모든 활동을 말한다.
맨발걷기뿐 아니라 스트레칭, 빠르게 걷기, 달리기, 줄넘기,
계단 오르기, 자전거 타기, 근력운동, 구기 운동, 걸어서 등하교,
학교 청소, 체육 시간 등 모든 신체활동을 포함한다.

무지개색 맨발걷기 티셔츠를 입다

전교생 1000여 명이 되는 대단위 학교인 대청초등학교에서 맨발걷기 교육을 현장에 도입하는 일은 쉽지 않았다. '어떻게 효과적으로 교육 현장에 적용할까?'하는 운영방식을 두고 다양한 의견이 제시되었지만 하나로 통일되지 않았다. 운동장 등 학교 여건과 교사들의 업무 부담이 문제였다.

선생님들에게 부담을 주지 않지 않으면서 다양한 방법을 찾던 중 매일 전교생들이 맨발걷기를 하는 것이 중요하다고 생각하였기에 "선생님들은 교실에서 지도를 하고, 운동장에서 하는 맨발걷기 지도는 내가 책임지고 하겠다."고 결정하였다.

먼저, 맨발걷기 환경 정비부터 시작하였다. 맨발걷기 후 발을 씻을 수 있는 수돗가도 정비하고, 학년별로 맨발걷기 티셔츠도 맞춰 입게 되었다.

1학년 빨강
2학년 주황
3학년 노랑

4학년 초록
5학년 파랑
6학년 남색

아이들은 학년별 티셔츠를 입고 운동장에 나와서 맨발걷기를 하는 것을 매우 좋아하였다.

아침 맨발걷기로 하루를 시작하다

나의 하루는 운동장에서 맨발걷기를 하면서 시작한다.
점점 맨발걷기를 하는 학생들이 늘어나면서 아침에 운동장은
알록달록 맨발걷기하는 학생들로 가득 찼다.

'빨·주·노·초·파·남'
무지개색 티셔츠를 입고
수백 명이 함께 걷다가
첫 수업 종이 치면
아쉬워하면서도
활기차게 교실로 향하는 모습은
언제나 감동적이다.

한꺼번에 1000여 명 가까운 전교생이 운동장으로 나오는
바람에 서로 부딪히고, 가시에 찔리는 사고 등으로
아침 운동이 잠시 주춤할 때도 있었다.
그러나 하나하나 문제들을 해결해 나갔다.

아침 맨발걷기는 아이들과 선생님, 학부모들이 함께 하였고,
운동장에는 항상 300~400명이 참여하였다.

맨발학교 교장인 권택환 교수의 맨발걷기에 대한 연수도 여러 차례 실시하여 학생들과 학부모들 뿐 아니라 선생님들의 많은 호응을 얻었다. 7560 플러스 운동은 학교 특색사업으로 빠르게 자리를 잡아 갔다.

점점 아침 맨발걷기를 좋아하는 아이들이 늘어나게 되었고, 맨발걷기는 비로소 학교 구성원들 전체로 확산되었다. 맨발걷기를 좋아하는 아이들이 늘어나면서 아이들 얼굴이 점점 밝고 행복해하는 모습을 보였다. 따라서 맨발걷기는 탄력을 받아 큰 호응과 붐을 일으켰다. 아침 등교와 더불어 맨발걷기는 자연스럽게 운동장에서 행복한 하루 하루를 열어 가게 되었다.

두껍아 뚜껍아 헌 집 줄게 새 집 다오

Levi's
Père
우리 같이 맨발걷기!

OBS방송에서
맨발걷기를 촬영하다

2018년 3월 신학기 어느 날,
경기도 OBS방송국에서 아침 맨발걷기 운동하는 모습을
촬영하겠다고 학교로 연락이 왔다.

방송국에서 촬영하는 날,
권택환 교수와 교육청 관계자도 함께 하였다.
티셔츠를 입고 맨발걷기를 하면서 촬영하였다.

맨발걷기를 하던 중 어떤 아이들은
신발을 신고 촬영하는 방송국 사람들을 따라 다니면서
"신발을 벗으세요! 맨발걷기 하세요!"
"너무 시원하고 좋아요! 빨리 맨발걷기하세요!"
"맨발 해! 맨발 해! 맨발 해!"라고 말했다.

함께한 방송국 PD는
"많은 방송 프로그램을 찍었지만, 이렇게 좋은 에너지는
처음 느낀다. 예전에 청정구역 아프리카에서 느꼈던 에너지를
대청초등학교에서 느낀다."라고 하였다.

아침 맨발걷기 장일성 교감 선생님과

그날 촬영된 내용은 경기 지역 방송에서 방영되었고,
「맨발걷기로 아침을 시작하다」라는 주제로 올려져 있다.

지금도 유튜브에서 찾아보면 꾸미지 않고
자연스럽게 맨발걷기하는 아이들의 모습이 대견하고
사랑스럽기만 하다.

맨발걷기 하나로도 행복한 아이들!

2017학년도부터 시작된
대청초등 맨발걷기는 학교 특색 교육이 되었다.
좁은 운동장이지만 서로 양보하면서
7560 플러스 아침 맨발걷기는 차근차근 진행되었다.
아침 운동을 하는 학생들과 인증 사진도 찍고
맨발 달리기도 하면서 아침 인사를 서로 나눈다.

"발에 불이 붙었어요!"라고 말하는 아이들에게
"산삼 먹은 것처럼 좋은 것이다!"라고 말해주면 아이들은
"기분 좋아요"하면서 달려갔다.
맨발로 걷고 달리는 것을 감각을 잘 느끼게 되어서
아이들이 발에 불이 붙었다고 표현하곤 했다.

"그래, OO구나. 오늘은 기분이 어때?"
"아침에 걷기하면 기분이 너무 좋아요."
"아침 맨발걷기하려고 막 뛰어왔어요."
"일찍 온 친구들끼리 달리기 경주할 거예요."

맨발걷기하는 아이들은 거의 매일 상담하는 것처럼

자신의 일상을 말하곤 했다. 서로 친밀해져서
2학기에는 더욱 친하게 되었다.

0교시 아침 맨발걷기 시간!
마법의 행복을 만드는 시간!
기적이 일어나는 시간으로 자리 잡았다.

운동장에서 만나는 아이들의 표정은
더없이 순수하고 더없이 행복해 보인다.
아이들이 행복한 학교생활을 위하여 맨발걷기를
교육과정과 동아리 활동에 편성하여 더욱 내실있는
교육과정을 만들었다.

초등학교 학생들에게는 운동장에 나와서 웃고
뛰어노는 것만으로도 꿈을 키우는 일이라 생각했다.

맨발걷기 100일 오름길 프로젝트

맨발걷기 100일을 달성한
학생들에게 상장을 주어 격려하였다.
몸으로 익히는 습관을
꾸준하게 실천하는 일은
상을 주어 칭찬할 만한 가치가 있다.

100일을 꾸준하게 실천하는 과정에서
아이들은 즐거워했고, 100일 오름길 프로젝트를
잘 실천한 어린이들은 300여 명이 넘었다.
오름길에 도달했다는 자신감에,
100일 상을 받은 학생들은 얼굴에

빨간 우산 파란 우산 속에

홍익맨발-제201호

상 장

장 태 현

위 사람은 비가 오나 눈이 오나 바람이 부나 서리가 내려도 하루도 빠짐없이 오로지 나 자신을 지극히 사랑하여 자연과 하나 되고 지구와 하나 되는 흙길 맨발걷기 100일을 완수하였으며 그 백일간의 노력으로 스스로에게 감동받아 나의 꿈과 가치와 자신감이 폭풍성장하였으므로 그 정성을 기리어 내가 나에게 상장을 주어 칭찬합니다.

2018년 5월 12일

세상에서 가장 가치로운 나 장 태 현
대구대청초등학교장 이 정 안

행복한 미소가 피어올랐고
100일 상을 자랑하는 친구들이 많았다.

경쟁하듯 시작하는 아침 맨발걷기,
서로 마주 보고 웃고 달리는 행복한 시간! 아침 맨발 운동은
아이들의 얼굴에 즐거움을 선물해 주었다. 학생들과 선생님들
모두가 즐거워하는 학교생활이 된 것이다.

맨발걷기는
친구랑 놀 수 있잖아요!

"아야! 아야! 앗, 따가워."
"선생님은 왜 안 아파요?"
질문을 쏟아내던 아이들이
운동장을 종횡무진으로 누비면서
"매일매일 맨발걷기 하고 싶어요."라고 조른다.

아침 맨발걷기가 끝나고
교실로 향할 때면 교실에 들어가기 싫어서
"조금 더, 조금만 더 하고 들어가면 안 되나요?"하고
말하는 학생들이 많았다.

아이들에게
맨발걷기의 좋은 점을 물어 보았다.

"맨발이 왜 좋아?"
"친구랑 같이 놀 수 있잖아요."
"처음에는 살짝 아픈데 계속하면 행복해져요."
"맨발을 하면 발이 시원해져요! 기분이 좋아져요."
"처음엔 따가웠지만 계속하면 재미있어져요."

동동 동대문을 열어라. 남남 남대문을 열어라.

"정말 짱이예요. 할머니, 할아버지가 될 때까지
계속할 거예요!
우리 할아버지도 맨발걷기가 좋다고 하시고, 오늘도
맨발걷기 등산을 하셨어요."

어릴 때의 맨발걷기 경험을 바탕으로
할머니, 할아버지가 될 때까지
지속적인 맨발걷기 운동 중독(?)이
이어지길 기대해 본다.

맨발동아리!
놀이와 접목하다

학년별 동아리를 만들었다.
그 중 맨발동아리에 대한 인기가 가장 많았다.
"OO야, 왜 맨발동아리가 좋니?"
"공부 안 하고 놀잖아요."
맨발로 놀다 보면 몸과 마음에
좋은 효과가 나타난다.

맨발로 놀다보면
발이 간질간질하고 따끔따끔하지만
그 동안 느껴보지 못한 흙의 느낌을
온몸으로 느낀다.

아이들과 하나되어 함께 놀면서
어떻게 하면 재미있고 유익한 시간을 보낼까?
많은 생각을 했다.
맨발걷기를 하면서
아이들과 하나되어 함께 놀면서
솔직하게 나눈 대화는 삶의 활력소가 되었다.

맨발걷기 습관이 뇌를 바꾼다

아이들이 걷기 뿐 아니라
놀이터에서 줄넘기하거나 달리기할 때도
맨발로 하는 아이들이 늘어나면서
맨발걷기는 점점 익숙해졌다.

이제 우리 아이들은 대부분 남이 시키지 않아도
스스로 맨발걷기를 즐길 줄 안다.
이 좋은 습관은 평생 건강하고 행복한 삶을 살 수 있는
좋은 에너지와 자산이 될 것이다.

하버드대학교 뇌 의학 전문가 존레이티 교수는
『운동화 신은 뇌』에서 "아침 운동은 뇌를 활성화하는데 230배
최상의 상태로 만들어주는 효과가 있고, 뇌를 깨우기 위해서는 하루 20분~30분 정도 달리기 같이 약간 부담스러운 유산소
운동을 하는 것이 가장 좋다."라고 한다.
대구교육대학교 권택환 교수는 『맨발학교』에서
"아침 맨발 운동으로 아이들 뇌가 깨어나는 마법이 일어나고
있었다."고 강조한다.

나에게 맨발걷기란?

- 민트 박하다 : 맨발걷기를 하면 시원하기 때문이다.
- 비타민이다 : 비타민이 건강에 좋은 것처럼 맨발걷기도 비타민처럼 건강에 좋기 때문이다.
- 건강이다 : 맨발걷기를 하면 건강에 좋아지기 때문이다.
- 활력소다 : 맨발걷기를 하면 기운이 난다.
- 물이다 : 하면할수록 시원하기 때문이다.
- 즐거움이다 : 맨발걷기를 하면 친구와 대화도 나누고 놀 수 있기 때문이다.
- 친구다 : 매일 만나고 함께하면 덜 아프고 점점 친해지기 때문이다.
- 영양제다 : 맨발걷기는 기운이 생기게 한다.
- 가시다 : 따갑지만 시원시원하다.
- 에너지다 : 맨발걷기는 힘이 솟아오르게 한다.
- 공부다 : 기억력이 좋아지고 힘이 솟는다.
- 병원이다 : 아픈 몸을 낫게 한다.
- 건강과 행복이다 : 몸이 건강해지고 행복한 기분이 들기 때문이다.
- 친구다 : 친구처럼 함께 하는 사람이 항상 있다.

건강 up!
맨발걷기는 사랑입니다

학교 특색으로 맨발걷기 동아리가 학년별로 신설되었다.
5학년 맨발동아리는 '건강 up, 맨발걷기부'라는 이름을 걸고
건강 증진을 목표로 하였다.
운동장에서 더 많은 시간을 보내고 싶어 하는 남학생들
다수가 신청하여 첫 시간부터 시끌벅적하였다.

"건강 up! 우리의 건강을 맨발걷기로 가꿉시다!"
"우리에게 건강을 키워주며 이로움을 주는 맨발을 합시다!"
"여러분의 맨발이 생활을 행복하게 합니다."
"맨발걷기는 사랑입니다."
"우리 몸에 어디에도 좋은 맨발걷기, 친구와 같이 걸으면
건강 2배! 행복 2배!"
"집에만 있지 말고 우리 모두 맨발걷기를 합시다!" 등
모둠별로 정한 표어다.

즐거운 오후 동아리 시간, 학생들은 기본 맨발걷기를 비롯하여
맨발 탐색하기, 맨발 배드민턴, 맨발 줄넘기 등 다양한
활동을 하였다. 비가 보슬보슬 오는 날에는 우산을 쓰고
맨발로 걸었고, 강당에서도 맨발 활동을 지속하였다.

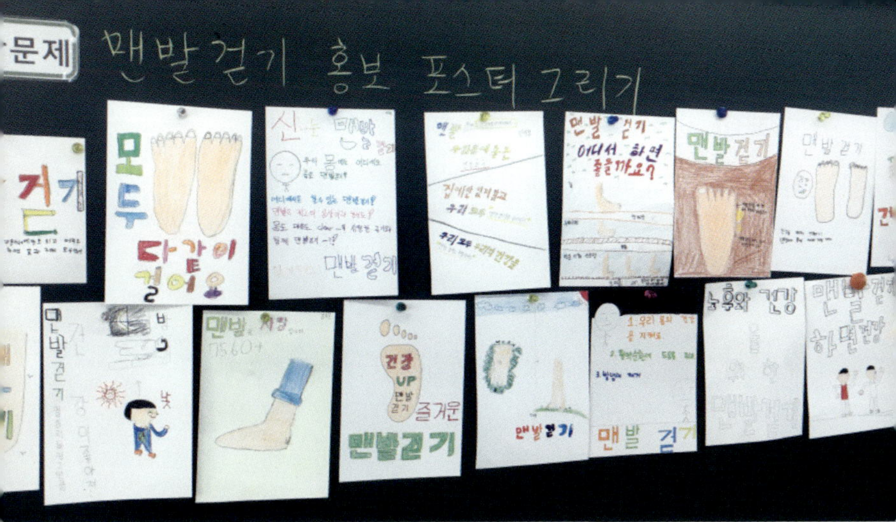

"맨발동아리에서 맨발 활동을 한 후 어떤 변화가 있었나요?"라는 질문에 대한 반응이다.

"몸이 건강해지고, 나의 모든 생활이 즐거워졌다."라고 말한다.

"처음 시작할 때 교장 선생님과 선생님들께서 행복 호르몬이 나온다고 하는 것을 믿지 못했지만 맨발걷기를 하면서 정말 행복해지는 것을 체험하게 되었다."

"공부 시간에 집중이 더 잘되었다."

"처음 시작할 때는 발바닥이 아프고 몇 바퀴 걸으면 힘들기도 했지만 석 달 넘게 계속하다 보니 즐거운 마음으로 학교에 오게 되었다."

맨발걷기를 통해 건강뿐 아니라
생활 자체가 즐겁게 되었다는 성과를 거두었다.
맨발걷기는 나를 위한 완벽한 처방약이다.

기적의 맨발걷기!

"단순한 '걷기'라는 기본 움직임에 신발만 벗었을 뿐인데……."
"이렇게 많은 변화를 어떻게 설명할 수 있을까? 정말 신기했다."
"모래 압력으로 발이 지압이 되어 원활한 혈액 순환이 되어서 그런 걸까? 아니면 정말 '행복 호르몬'이 몸에서 나오는 것일까?"

신기하게 생각하는 학생들의 물음에서 그 해답을 찾아본다.
단순하게 신발을 벗고 걷기만 했는데,
세로토닌이라는 행복 호르몬이 나와서 이내 행복해졌고,
지압 효과도 있어 온몸이 후끈 더운 열기로 채워졌다.
기분이 좋아지고 튼튼해지는 기적이 일어나고 있었다.

단순히 맨발로 걸었을 뿐인데
선생님과 학생, 학생과 학생 사이에
훈훈한 소통의 기적이 일어났다.

맨발걷기를 하면
몸이 튼튼해져요.

맨발걷기를 하면

원어민과 함께 맨발을 세계로

서로를 더 잘 알고 지낼 수 있어요.

맨발걷기를 하면
우리 모두 행복해져요.
—김OO, 「행복한 맨발걷기」

신선한 공기와 따뜻한 햇살을 느낄 수 있고
발바닥에서 느껴지는 작은 돌과 거친
모래의 자극을 온몸으로 받아들여
오감이 살아나는 기적이다.

선생님과 함께하는 학년별 창체 시간

몸도 튼튼!
마음도 튼튼!

"맨발동아리에 왜 들어왔어?"라는 질문에
"교실에서 하는 동아리는 지루해요."
"가위, 바위, 보를 해서 졌어요."라고
아이들은 말했다.

아침 맨발걷기를 할 때도 저학년, 중학년들은
매우 즐겁게 참여하나 사춘기에 들어선
고학년 학생은 양말을 벗고 발을 씻는 것을
조금 귀찮아하기도 하였다.
맨발걷기의 좋은 점에 대해서 스스로 느끼고
경험을 통해 깨닫게 하는 것을 목표로 삼았다.

맨발걷기 활동과 함께 맨발 뉴 스포츠에
맨발놀이를 적용하여 지루함을 줄였고,
놀이에 빠지다 보면 발이 아픈 줄도 모르고
신나게 노는 모습을 보였다.

운동장 가득 달빛 맨발 축제

2018년 5월 28일 오후 7시부터 2시간 동안
대청초등학교 시청각실과 운동장에서
'달빛 가족 맨발걷기의 날' 행사를 가졌다.

먼저 시청각실에서 권택환 교수의
「7560 플러스 건강 가족 맨발걷기」라는
주제로 강의를 듣고,
교직원과 학부모, 학생 등 400여 명이 함께
맨발걷기하는 가족 단위 행사여서 더욱 의미가 깊었다.

'달빛 가족 맨발걷기의 날' 행사를 통하여
맨발걷기가 주는 여러 효과도 알고, 가족들이
함께 즐겁고 행복한 시간이 되었다.

신나는 맨발걷기
달빛 아래 맨발걷기

친구들과 함께 걸으면
더 즐거운 맨발걷기

3학년 아버지 교실(달빛 맨발 축제에서)

아파도, 아파도
조금만 참으면
금방 나아져요.

몸도 마음도 튼튼
모든 생활이 바른 생활
—김OO, 「맨발로 튼튼하게」

맨발걷기를 즐기는 맨발 천재들

·발바닥 자극이 뇌 감각을 깨운다.
·발이 건강해지고 뇌가 정화된다.
·왼발·오른발 균형이 잡히고 좌·우 뇌가 통합된다.
·자신감이 생기고 나의 몸과 뇌의 주인이 된다.
—권택환, 「발을 자극하면 뇌가 유연해진다」에서

맨발 천재가 나타났다.
노하윤과 장태현 학생이었다.
아침 맨발걷기를 위해서
새벽 7시부터 달려와서 오후까지
맨발걷기를 같이 하자고 졸라댄다.
하루도 빠짐없이 새벽부터 달려와서 즐기는
모습이 대견하다.
그 무엇보다 맨발걷기에 몰두하고
맨발걷기를 유난히 좋아하고 즐겼던 천재!
그 외에도 많은 학생들이
맨발걷기 하면서 즐거워하고 행복해했다.

맨발걷기가 너무 좋아 커서

권택환 교수에게 백일상을
받는 노하윤과 장태현

맨발걷기 박사가 되겠다는
두 학생은 감동을 주었다.

『논어』 위정편에 "지지자불여호지자(知之者不如好之者)
호지자불여락지자(好之者 不如樂之者)"가 나온다.
어떤 사실을 아는 사람은 그것을 좋아하는 사람만 못하고,
좋아하는 사람은 즐기는 사람만 못하다는 뜻이다.

두 명의 맨발 천재를 만나기 위해
매일 설레는 마음으로 서둘러 운동장으로 향하곤 했다.
이들을 통해 맨발걷기에 대한 미래의 희망을 꿈꾼다.

우리들 솜씨

756아 맨발걷기

글, 그림: 섭

756아 맨발 걷기를 하면
까칠까칠한 모래가
발가락 사이사이에 들어온다.

비에 젖은 모래들이 촉촉하게
발가락 사이사이에 들어온다.

비에 젖은 나뭇잎도 발가락
사이사이에 들어온다.

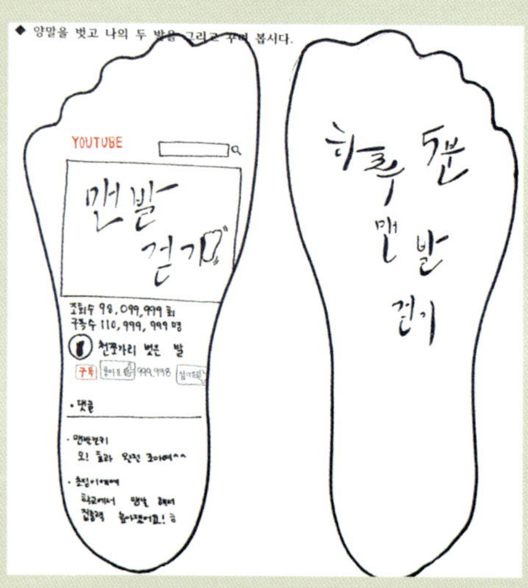

맨발놀이부
맨발놀이를 그려 봅시다.
1학년 1반 번 이름
맨발놀이를 한 느낌을 적어봅시다
재미 있고, 신났습니다.
앞으로 꾸주이 할 것입니다.
열심히 맨발!

맨발놀이부
맨발놀이를 그려 봅시다.
1학년 1반 1번 이름 김다온
맨발놀이를 한 느낌을 적어봅시다
맨발놀이을하니 느낌이좋고
걸강이좋은맨발 걷기 이제부터맨발
을꾸준히.

맨발놀이부
맨발걷기를 하고 난 후 내 발의 표정을 그려보세요.
1학년 1반 2번 이름
정말정
할아버지가 되도
계속 할 정도로 좋다.

이서현
현지운
정아영
이동현

작은 전시회
심지훈
유재준
김도현
김세아
김지수
정지훈
박경민

2019

"맨발걷기 해서 너무 좋았다."
"아이들이 맨발걷기를
선물처럼 좋아해요!"
"교장 선생님, 맨발걷기가
신의 한 수입니다."
칭찬의 말들이 가장 큰 힘이 되었다.

2

맨발걷기 복현초 교육의 중심에 두다

힐링을 선물하는 온새미로 교육

대청초등학교에서 2017년부터 2년간
전교생을 대상으로 맨발걷기 운동을 펼쳤다.
그런 경험을 바탕으로
새로 부임한 복현초등학교에서도
맨발걷기를 교육의 중심에 세우고
맨발걷기 교육에 혼신의 힘을 기울였다.

대청초등학교에서
처음 맨발걷기를 교육 현장에 도입할 때
여러 가지 어려움을 겪었다. 이전 학교에서
시행착오를 겪으면서 얻은 노하우를 바탕으로
2019년 전근해 온 복현초등학교
교육 현장에도 자연스럽게 적용시켰다.

4차 산업 혁명 시대에는 지식이 풍부한 사람보다는
인공지능이 할 수 없는 감수성이 풍부하고
창의적인 인재가 요구된다. 곧 인성이 실력이 되는 시대에
우리는 살고 있다. 다른 사람과 잘 소통하고 협력하면서
집단 지성을 발휘할 수 있는 미래의 인재가 필요하다.

미래사회에 부합하는 인재 양성을 위해
2019년 복현초등학교의 학교 중점 사업을
'온새미로(溫愢美勞) 교육'으로 정하였다.
온새미로 교육은 학생들에게 자연 그대로 즐기고,
힐링을 선물하는 교육을 의미한다.

온새미로 교육이 추구하는 어린이상은 다음과 같은
다양한 체험 활동을 통해서 성장하도록 한다.

첫째, 7560, 1160 everytime healing 맨발놀이
둘째, 가족과 함께하는 오감만족(足) 맨발놀이
셋째, 자연 속에서 누리는 학교 밖 체험 활동
넷째, 텃밭 가꾸기 농부체험 교실
다섯째, 체육 활동을 강화한 교육과정 편성·운영
여섯째, 들썩들썩 fun time
일곱째, 운동장에서 놀자! 스포츠 클럽 등

다양한 체험 활동을 통하여
"몸과 마음이 건강한 어린이"를 구현하는 것이
온새미로 교육의 최종 목표라 할 수 있다.
맨발걷기를 통한 신체활동을 바탕으로
꿈, 사랑, 창의로 미래를 열어가는 것이라고
할 수 있다.

또한 현대의 바쁜 삶을 살아가는 교육 가족들에게
심신의 여유를 가지게 되는 '소확행', 즉 소소하지만 확실한
행복을 누릴 수 있도록 돕는 교육활동이 절실하게 요구된다.

개인적 이익 추구보다는 남을 도울 수 있는 삶을 살 수 있는
사람이 요구된다. 인재가 가져야 할 역량 중 하나가
공감 능력이다. 이런 역량은 단기간에 만들어지거나
기를 수 없다.
맨발걷기를 교육의 중심에 두는 이유가
여기에 있다.

이승엽 야구선수가 복현초등을 방문하다

운동장이
행복한 아이를 키운다

대청초등학교에서는 여섯 색깔 무지개색 티셔츠를 입은
전교생이 활기차게 맨발걷기하는 모습을 보여주었다.

좁은 운동장에서 전교생이 한꺼번에 참여하여
다소 복잡하였다면 복현초등학교에서는
담임교사가 중심이 되어 아침 시간, 중간놀이 시간, 점심시간,
쉬는 시간, 체육 시간, 창의적 체험 활동 시간 등에 자율적으로
맨발걷기를 활용하였다.

대청초등학교는 전교생이 한꺼번에 참여하는
아침 맨발걷기가 활성화되었지만, 복현초등학교는
담임 중심의 자율 운영 방식이었다.

대도시 다른 학교처럼 복현초등학교도
주변 환경이 아파트 숲으로 둘러싸여 있다.
핵가족과 맞벌이 가정이 대부분으로 가족 구성원들과
소통할 수 있는 기회가 부족한 게 현실이다.
학생들은 방과 후에도 꽉 짜여진 시간표대로 학원 등에서
생활하고 있다.

놀이하는 시간, 사람들과 함께 어울릴 수 있는 시간이 부족한 아이들에게 마음껏 놀 수 있고 신체를 활발하게 움직일 수 있는 시간이 필요하다.
아이들의 인성교육을 가정이 아닌 학교 교육에 의존하고 있는 경우가 대부분이다.
이런 현실에서 학교에서의 인성교육이 절실하게 요구되었다.
잃어가는 감성을 찾아주고 여유와 즐거움을 줄 수 있는 교육의 기본으로 생각한 것이 맨발걷기 운동이다.

복현초등학교에 부임하면서 학교장 경영 특색으로 '운동장이 행복한 아이를 키운다', '7560 플러스 맨발걷기 운동'을 학교 중점 특색으로 정하였다. 1,000여 명의 대단위 학교에서 전교생이 함께 맨발걷기 운동을 하는 것은 쉽지 않는 일이다.

맨발걷기에 대한 이해의 폭을 넓히고 공감대를 이루기 위해 맨발학교 권택환 교수를 초빙하여

대청마루에서 맨발 포즈를 취하는 4학년 3반 친구들

「두뇌 활성화와 맨발 걷기」 특강을 진행하였다.
연수회를 통해 교사와 학부모들의
맨발걷기에 대한 의식이 많이 달라졌다.

나는 아침부터 맨발걷기를 함께하는 활동에 집중하였다.
항상 아침 7시까지 학교에 와서 아이들과 같이 어울려
맨발걷기 하면서 하는 하루 일과를 시작하였다.

좋은친구
음악줄넘기
383-7909

학교 특색 7560+운동 맨발걷기 안내문

안녕하십니까? 항상 학교를 응원해주셔서 감사합니다. 다름이 아니오라 학교와 학원으로 바쁜 학생들은 신체활동 시간이 절대적으로 부족한 것이 현실입니다. 이는 학생들의 체력 저하와 비만 등으로 이어져 각종 질병과 성인병의 원인이 되며 한창 자랄 나이인 초등학생에게 정상적인 신체 발육에 도움이 되지 않습니다.

존 레이티 하버드 의대 교수는 『운동화 신은 뇌』에서 "아이와 어른 할 것 없이 운동을 하면 집중력·성취욕·창의성이 증가하고 뇌의 능력이 확장한다."라고 했습니다. 세계적으로도 운동 기반 교육(movement-based learning)을 강화하는 추세이며 '0교시 체육수업'을 도입한 미국 네이퍼 빌 고교에서 학생들의 학업성취도가 2배 높아지고 스트레스는 줄었다는 연구 결과가 있습니다.

'학교 특색 복현 7560+운동'이란, 일주일(7)에 5일 이상 하루 60분 누적해서 운동하는 것을 말합니다. 전문가들은 청소년에게 주 5일 이상, 하루 최소 60분 이상의 신체활동을 권장하고 있습니다. 5~10분의 짧은 활동을 여러 번 나누어 60분을 누적하여도 60분을 지속하는 신체활동과 차이가 없다는 연구 결과에 따라 신체활동 7560+ 운동이 등장하게 되었습니다.

본교는 '신체활동 복현 7560+'를 학교 특색으로 정하고 관련한 여러 활동들을 추진하고 있습니다. 가정에서도 학생들이 활동에 적극적으로 참여할 수 있도록 격려 부탁드립니다.

복현 7560+운동

1. 아침 건강 달리기 걷기
- 주로 아침 0교시(매일 아침 ~8:30) 실시
- 쉬는 시간, 점심시간, 방과후 시간도 가능
- 담임 임장, 체육 시간 활용
- 우천 시 학반별 스트레칭 및 체조 활동

2. 맨발걷기 요령
- 아침 건강 달리기 걷기 시간에 자율적으로 맨발걷기, 교직원 맨발걷기
- 교원, 학부모 연수 실시

안전한 운동장을 위한
기반 조성하다

맨발놀이를 위한 운동장 환경 조성하다.

① 발 씻는 곳에 고무 호스, 고무 매트 마련
② 회전 표시판, 미세먼지가 많을 시 안내판 설치
③ 운동장에 소금 뿌려서 소독·배수가 잘되도록 하기

맨발놀이 활동을 잘하도록 운동장의 환경을 개선하였다.

먼저, 발 씻는 곳에 고무 호스를 달고, 수돗가 고무 매트도
넓게 마련하였다. 맨발걷기 효과를 표시한 회전 표시판,
미세먼지 활동 안내판도 만들었다.
학생들에게 작은 돌 줍기 활동도 권장하였다.
소독과 배수를 위해서 소금을 사서
운동장에 뿌렸다.
무엇보다 아이들이 쾌적하고 안전한 운동장에서
맨발걷기를 할 수 있도록 세심한 주의를 기울였다.

RED

학급별 담임 중심으로 자율적 맨발걷기

1학년 빨강, 2학년 주황, 3학년 노랑, 4학년 초록,
5학년 파랑, 6학년 남색 등 무지개색을 준비하였다.
여섯 색깔 무지개색은 긍정의 느낌을 주게 되었다.
무지개색 티셔츠를 구입하기 위해
많은 예산이 들었지만 아이들이 티셔츠를 아끼고
아주 좋아하여 그 효과는 기대 이상이었다.

빨강·주황·노랑·초록·파랑·남색
무지개색 맨발 티셔츠를 입고
아이들이 학교 운동장에 나와서 음악에 맞추어
맨발걷기를 하는 날인 수요일 중간놀이 시간은
전교생들이 기다리는 시간이 되었다.

맨발걷기를 하는 학생들과 인증 사진도 남기고
달리기도 하고, 손 잡고 아침 인사도 나누었다.
"발에 불이 났어요!"
"학년 구분이 되는 맨발 티셔츠가 너무 마음에 들어요!"
"맨발걷기는 선물 같아요! 맨발걷기하면 너무 기분이 좋아져요!"
아이들은 맨발걷기하는 즐거움을 다양하게 표현해 주었다.

선생님들과 학생들이 스스로 건강을 지키기 위해
즐거운 마음으로 맨발걷기 운동에 동참하였다.
학생들은 학교의 어떤 체험 활동 프로그램보다 맨발걷기를
중요하게 생각하고 있으며, 즐거운 학교생활의 원동력으로
여기고 있다.

담임선생님들은 교육과정을 재구성하여 맨발걷기를
1~2교시에 편성하여 시원하고 쾌적한 시간
담임과 함께 맨발걷기하는 학반들이 늘어났다,

아이들은 담임 체육시간, 창의적
체험 활동시간, 즐거운 생활 시간을 기다려
운동장에 나오면 먼저 맨발로 달리기부터 하는 모습을 보였다.

놀이 중심으로 교육과정을 재구성하여 지도하라는
교육청 방침에도 잘 맞았다.

7560 플러스,
복현 1일 운동 프로그램

7560 플러스 맨발 운동의 목적은 생활 속에서
지속적인 운동을 하는 습관을 기르고 체력을 증진하는데 있다.

학생들은 어릴 때부터 신체활동을 습관화되도록 하는
것이 중요하다. 즉, 걸어서 등하교하기, 가사 활동, 여가 활동,
스포츠 활동 등 아이들이 쉽게 접근할 수 있는
모든 신체활동이 포함된다.

복현 1일 운동 프로그램은 신체활동 실천기록표를 간결하고 명확하게 작성하여, 보기 쉬운 곳에 붙여두고 수시로 실천하도록 하였다.

활기찬 신체활동을 아침, 중간놀이 시간, 점심시간, 방과 후에 실천하게 한다.
반복되는 실천을 통해 성취감을 높이고
건강하고 활기찬 생활을 통하여 자존감을 높이게 된다.

복현 1일 운동 프로그램

	걷기 등교	운동장 가볍게 돌기	걷기 하교	줄넘기	주말 자유운동
운동 방법	집에서 학교까지 걸어서 등교하기	•자유롭게 1~2바퀴 걷거나 뛰기 •걷거나 뛰기 맨발 걷기 등 다양한 방법으로 걷기	학교에서 집까지 걸어서 하교하기	•모아뛰기 10분 •번갈아뛰기 10분	걷기, 체조, 훌라후프, 자전거, 줄넘기 등
운동 시간	10~15분	20분 이상 (평일 점심시간 및 수요일 중간놀이 시간)	10~15분	20분 (평일 점심시간이나 수요일 중간놀이 시간)	1일 60분 내외
운동 강도	약간 땀이 날 정도	숨이 찰 정도	약간 땀이 날 정도	빠른 호흡을 할 정도	약간 땀이 날 정도

선생님, 오늘도 맨발걷기해요

"선생님! 교실에서도 양말 벗고 맨발로 수업하면 안 돼요."
수업을 시작하려는 1교시에
"선생님! 맨발걷기 하러 가면 안 돼요."
"물로 씻으니까 정말 시원해요."
"맨발을 많이 하면 공부도 잘 할 수 있고 스트레스도 풀려요."

1학년

모든 반들이 경쟁하듯이 1~2교시에 교육과정을 재구성하여
맨발걷기를 실천하는 모습을 볼 수 있었다.
처음 학교에 입학한 어린아이들이 매일 실천하는 모습에서
힘들어하는 모습은 보이지 않았다.
날씨가 좋은 날은 물론 비가 오는 날에도
즐겁고 활기차게 활동하였다.

2학년

맨발걷기하면서 학교생활에 잘 적응하고,
운동장에 나오면 장기자랑이라도 하듯이 뛰고 달리면서
체육 활동하는 아이들의 모습은 생동감이 넘쳤다.

3학년

운동장 맨발걷기 활동을 하루 한번 이상 실천하는 모습을 볼 수 있었다. 전체 6개 학반이 경쟁이라도 하듯이 '복현 7560 플러스'가 인쇄된 노랑색 티셔츠를 입고 학년 체육 활동을 하는 모습은 그 어떤 노랑꽃 보다 예뻤다.

4학년

초등학교 중급 학년의 특징이 잘 드러나게 맨발 교육을 하였다. 4월경이 되면서 4학년 체력 키우기인 긴줄넘기와 짧은 줄넘기를 맨발걷기 활동과 함께 연습하는 모습이 인상적이었다.
4학년 교육과정에 맞게 접목하여 실시하였다.

5학년

모든 학반들이 경쟁하듯이 1~2교시에 교육과정을 재구성하여 실시하는 맨발걷기하는 모습을 볼 수 있었다. 맨발걷기를 매일 실천하는 모습에서 미래에 대한 희망을 보았다.

6학년

학급별로 신나게 맨발걷기하는 여학생들의 모습이 눈에 띄었다. 고학년 학생들은 중간 놀이 시간에 음악을 틀어주면 삼삼오오 재잘거리면서 신나게 참여하는 모습이 마냥 대견스러웠다.

사제동행
학급별 맨발놀이

1학기(3월 5주~7월 20주), 2학기(8월 21주~11월 34주) 동안 복현초등학교 운동장에서 아침 사제동행 학급별 맨발놀이를 하였다. 매일 맨발놀이 활동을 통해
아침 40분간(또는 아침 20분, 점심 20분)의 사제동행 시간을 통하여 담임선생님과 아이들이
맨발걷기를 하면서 선생님과 자연스럽게 학생들의 친교와 소통의 시간을 가졌다.

수요일에 하는 사제동행 맨발놀이는
학년별 맨발놀이 티셔츠를 색깔별로 입어 학년별로 일체감을 가지게 하였다.
중간놀이 시간에 실시하는 맨발놀이를 음악과 함께 자유롭게 즐겼다.
맨발놀이 시간을 살펴보면

- 사제동행 학급별 행복한 맨발놀이 시간
  8:10~8:30(20분)
- Heeling feet, Happy time
  8:30~8:50(20분), 8:30~8:40

■사제 존중 행복 시간
■5분 안전교육(월), 애국 조회(화), 독서 또는 자율 운영(수~금)
■매주 수요일 중간놀이 시간 운영 10:50~11:10(20분)

사제동행
행복한 맨발놀이 시간(Heeling feet, Happy time)은
일회성이 아니라 매일 맨발놀이를 통해 지속적으로 이루어졌다.

선생님과 함께 걸으면서 소통과 화합의 시간이 되었고,
맨발걷기와 놀이 수업도 자연스럽게 병행하여 실시되었다.

1. 1학년 슬·생 여름 날씨의 특징 알아보기
2. 2학년 즐·생 달팽이 집 노래를 부르며 놀이하기
3. 3학년 미술 사진 찍을 대상과 장면을 탐색하여 다양한
방법으로 촬영하기 등

학급별 맨발놀이를 수업에 활용 및 재구성하도록
담임교사의 재량권을 발휘하도록 하였다.
저학년일수록 놀이 중심으로 이루어질 수 있도록
학습 기반을 조성하여 수업에 흥미를 높이고자 하였다.
맨발로 운동장에서 양달과 음달의 차이 느끼기,
여름 날씨의 특징 이해하기, 비 오는 날 땅의 변화
맨발로 노래 부르며 달팽이 집 놀이하기, 맨발놀이하는 친구들의
모습을 순간 포착하여 사진찍기 등의 활동을 하였다.

아이들이 실내 수업 위주로 이루어지는 학교생활에서 벗어나 운동장을 이용하는 신체활동을 하면서 학생들의 만족도가 높아졌다. 사제동행으로 쉽게 할 수 있는 활동이며 복잡하지 않고 단순한 활동이라서 학급별 참여율이 높았다.

1년 동안 학생들의 기초 체력이 자연스럽게 향상되었고, 학업 스트레스 해소, 게임중독 등에서 벗어날 수 있었다.

얘들아, 운동장에서 신나게 놀자!

정규교육과정 외의 시간에도 체육 관련 활동을 지속할 수 있도록 학교 스포츠클럽과 방과 후 학교 등 체육 관련 부서를 편성하였다.

1인 1종목 이상 스포츠클럽을 운영하였다. 1학기(3월 2주~7월 22주), 2학기(8월 21주~11월 34주) 전교생을 대상으로 운동장과 강당에서 실시하고 있다.

아침걷기 운동은 전교생을 대상으로 수준별 걷기와 달리기, 맨발걷기 등 다양한 방법을 활용하였다.

고학년 여학생을 위한 농구 프로그램과 3~6학년 대상 티볼 운동은 아침 시간과 토요일 오전에 체육부장과 6학년 부장 주도로 시행하였다.

야, 신난다.
올해도 상 탔어요!

7560+ 오름길은 생활 속에서 평생 운동 습관을 길러
체력을 증진한다. 함께하는 운동을 통해
건강하고 활기찬 학교생활을 하도록 한다.

복현 7560+ 오름길 운영을 살펴보면

1. 아침 건강 달리기와 걷기
2. 아침 0교시(매일 아침~08:30) 실시(쉬는 시간, 점심시간, 방과 후 시간도 가능)
3. 담임 임장, 체육 시간 활용
4. 맨발걷기 요령
   - ·운동장 나와서 걷기만 하면 1회
   - ·아침 건강 달리기/걷기 시간에 자율적으로 맨발 걷기
   - ·교원, 학부모 대상 연수
5. 꾸준한 실천을 위한 '복현 7560+ 오름길판' 학반별로 게시하여 활용

복현 7560+ 오름길 시상 효과를 살펴보면

1. 반복되는 실천과 성취감을 통해 건강하고 높은 자존감 형성
2. '복현 7560+ 오름길'을 통해 꾸준한 걷기 습관 형성

3. 건전하고 활동적인 생활 습관 형성 및 행복 역량강화

복현 7560+ 오름길 운영 계획은 학년 초에 안내한다.

·1~2학기로 나누어 오름길상을 시상하였다.
 1학기에 50일상, 2학기에 50일상과 100일상을 준다.

·오름길 상은 담임 중심으로 자율적으로 운영한다.

·아침 시간(8시~8시 35분), 점심시간이나 방과 후 시간,

담임선생님 체육 시간에 도입, 정리 시간, 창의적 체험 시간 등 담임 재량으로 운영한다.

아버지 교실,
달빛 가족 맨발걷기

2019 두뇌 기반 학생 맞춤형 교육 학교로 선정되어
아버지 교실 및 달빛 가족 맨발걷기를
2019년 6월 27일 오후 7시부터 두 시간 운영하였다.
시청각실에서 권택환 교수가 「바른 인성, 두뇌 활성화를 위한
행복한 흙길 맨발걷기」 특강을 통해 맨발걷기의
중요성과 요령들을 설명하였다.

가족과 함께하는 맨발걷기 행사를 하였다.
아버지 교실 연수, 달빛 가족 맨발 걷기의 날 운영에는
480여 명의 학생과 학부모, 30여 명의 교직원이 함께 하였다.

"맨발 연수에 참여할 수 있어서 좋았다."
"가족들과 함께 즐거운 시간을 가질 수 있었다."
"진흙놀이와 모래놀이를 하면서 아이들과 신나게 놀 수 있어서 좋았다."
"가족들과 함께 운동할 수 있는 프로그램이어서 좋았다."
"김밥과 물 등을 학교에서 준비해 주어서 고맙다." 등
소감도 남겼다.

5학년 달빛가족 맨발걷기를 마치고

가족과 함께
오감만족 맨발걷기

9월 28일 토요일 오전 9시부터 봉무공원 단산지에서
가족과 함께 걷는 오감만족 맨발 걷기를 하였다.
참가를 희망하는 가족 80명이 학교에서 준비한 버스를 타고
봉무공원 단산지로 향했다.
빵과 물 등 간단한 간식과 기념 수건도 준비하였다.

오감만족 맨발걷기는 황토 맨발걷기 체험장, 나비누리관,
나비생태학습관 등 단산지 산책로에서 펼쳐졌다.
맨발(또는 신발) 걷기, 나비 누리관, 나비생태학습관 등
가족 단위로 자유롭게 활동을 하였다.

"가족과 함께 할 수 있는 프로그램이어서 좋았다."

"아이들이 맨발걷기를 좋아해서
참여하게 되었다."
"즐거운 시간을 가질 수 있어서
좋았다."
"주말에 가족과 함께 할 수 있는
프로그램이어서 좋았다."
"건강해지는 기분이다."

'온새미로 교육' 봉무공원 오감만족 맨발

"멋진 경치를 보면서 걸으니까 좋았다."

온 가족이 참여한 오감만족 맨발걷기를 통해
바쁜 일상에서 벗어나 건강 증진과 가족 간 소통의
기회를 가지는 나누는 시간이 되었다.

'가족과 함께하는 오감만족 맨발걷기'를 통해
학교 교육에 대한 공감대를 넓히고 함께 참여하는
교육공동체를 실현하는 계기가 되었다.

맨발걷기
너무 좋았어요!

1년 동안 맨발걷기를 함께한 학부모와 선생님들은
대체로 맨발걷기를 긍정적으로 평가했다.
맨발 100일 실천을 하는
아이들 얼굴에 미소가 피어올랐다.
경쟁하듯이 맨발걷기하는 아이들은
언제 봐도 활기차고 즐거워했다.
서로 마주 보고 웃고 달리며 하는 아침 운동 시간은
아이들의 행복한 얼굴 모습으로 바꾸었다.
아이들 뇌를 깨우는 마법이 일어나고 있다고 할까?

맨발걷기를 함께하는 것은 몸을 튼튼하게 할 뿐 아니라
학생들과 선생님들의 관계가 날이 갈수록 친밀해져서
즐거운 학교생활을 하는데 큰 도움이 되었다.
실천하고 난 후
칭찬의 말들이 가장 큰 힘이 되었다.

"맨발걷기 해서 너무 좋았다."
"아이들이 맨발걷기를 선물처럼 좋아해요!"
"교장 선생님, 맨발걷기가 신의 한 수입니다."

맨발 걷기
할때 유형!
어몽어스편
얘들아?
언제 갔니?
?...
선생님
오늘 맨발걷기 하는 날이다. 빨리 나가라~
1.
〈완전한 맨발형〉
2.
〈신발과 한몸형〉
3.
너무 아파!
거기 모래 아니야
4.
〈꼭 다치는 형〉
5.
〈아프든 말든 달리기형〉
뭔가 아파
〈방어막 가동 형들〉
8.
〈못 하는형〉
선생님
...
봐줘서 감사합니당!
작가
The End
ㅂㅇ

김나연
(4-3)

인터뷰

맨발이 아이를 키운다

—이정안 교장을 찾아서

글·사진/박진형(시인)

맨발은 단순하다.
신발을 벗어던지고 걸으면 된다.

이 단순한 일을
우리 교육 현장에 도입하여,
5년 동안이나 지속적으로 펼치고 있는
대구복현초등학교 이정안 교장.

그는 2015년 3월 1일자로 대구대청초등학교 교장으로
부임하여 맨발걷기 교육에 전념하였다.
2016년 11월 대구시내 50여 명의 교장 모임에서
맨발걷기를 소개받았고, 대학 동기인 남덕초등학교 전경희 교장의
권유로 본격적으로 맨발걷기를 시작하였다.

맨발걷기를 학교 현장에 도입하기 위해
제일 먼저 한 일은 수십 년 동안
학교 운동장을 점령하고 있는 우레탄을
걷어내는 일이었다.
대구시교육청의 적극적인 협조로
중금속이 나오는 우레탄을 흙으로 바꾸었다.
전국에서 가장 품질이 좋다는 고령
모래를 깔아서 걷기 좋은 운동장으로
탈바꿈시켰다.

아이들에게 비로소
친환경 운동장을 되돌려 주었다.

맨발로 걷는 것보다 단순한 것은 없어요.
그러나 그 속에는 다 들어 있으니까요.

맨발걷기를 우리 교육 현장에 어떻게 접목시킬까?
2017년 3월 신학기부터 0교시 아침 시간 교육활동에
접목시키고자 하였고, 전교생과 전교직원들이 함께
본격적으로 실시하였다.

지금은 맨발걷기가 보편화되어 있지만
몇 년 전에만 해도 더럽다고 생각하는 흙 위를
맨발로 걷는 것에 거부감을 느끼는 사람들이 많았다.
'시멘트로 뒤덮인 도시 생활에 익숙하기 때문이었다.'
고정관념을 깨는 일은 힘든 일이었다. 먼저 교사와 학부모들을
상대로 설득 작업에 들어갔다.

"교육과정대로 하면 될 텐데 왜 7560 플러스 운동을 유별나게
하느냐."는 일부 교사들의 반대 의견도 있었지만, 간곡한 설득,
달램, 협조를 구하면서 다음과 같이 선언했다.

선생님들은 교실에서 수업만 하십시오.
운동장은 내가 책임지고 지킬 테니까요.

자연스럽게 운동장 맨발걷기 시간은 나의 담당이 되었다.
아침 7시쯤 학교에 출근하여 운동장에서 맨발걷기를 시작하였다.
쓰레기통에 작은 돌을 주우면서 8시경에 학생들이 등교하면
발이 아프지 않게 하려고 운동장 청소를 함께 하였다.

물방울이 땅에 스며들 듯 혼자 묵묵히 걷기 시작하자
몇 명의 선생님들도 동참하였고, 차차 10여 명의
선생님들도 함께 걸었다.
아이들도 하나, 둘 불어나 수십 명이 같이 걷고 달렸다.
나중에는 300여 명이 적극적으로 참여하였다.
드디어 아침 0교시에 학생과 선생님들이 함께 운동장 가득
7560 플러스 맨발걷기 활동을 하게 되었다.

그리고 맨발걷기 전문가로 유명한 대구교육대학교
권택환 교수를 초빙하여 교사와 학부모들을 대상으로

맨발걷기 연수도 여러 차례 실시하였다.
이해와 공감을 통해 폭 넓은 동참을 이끌어 내었고 맨발걷기가
자연스럽게 일상화되면서 학교 특색 교육으로 정착되었다.

대구광역시교육청의 특색 사업 지원금을 받아 '빨강·주황·노랑·
초록·파랑·남색' 무지개 색깔의 운동복을 준비하여
전교생과 전체 교직원들에게 나눠 주었다.
담임선생님과 학생들은 누구나 필요에 따라
가능한 시간에 자유롭게 맨발걷기를 하였고,
점심시간과 동아리 시간은 사제동행으로 운영했다.
전직원이 아침 8시 이후는 필요한 시간에 자유롭게
맨발로 걸었고, 점심시간은 사제동행 맨발걷기도 하였다.
또 그렇게 한 계절이 흘러 갔다.

0교시 아침 맨발걷기를 하면서 아이들의 신체적인 건강과

정신적인 건강이 눈에 띄게 향상되었다.
어떤 아이는 처음에 원형탈모를 나에게 보여 주었는데 3개월 아침 맨발걷기를 실천하고 나서 원형탈모가 없어졌다고 자랑하였다.

공부를 왜 하는지 모르겠다고 하던 6학년 남자아이는 자존감과 성적이 크게 향상되면서 2학기 학급 반장에 선출되어 늘 운동장에서 맨발달리기를 좋아하곤 했다.

매일 맨발걷기 활동을 실천하고, 교육과정을 재구성하여 1, 2교시에 체육 활동을 하던 4학년 3반(전체 학급 아이들이 100일 프로젝트 오름길 상을 탐)은 운동회 날 학년 전체 훌라후프 돌리기 대회에서 30분 동안 한 명도 탈락자가 없는 놀라운 변화가 일어나기도 했다.
맨발걷기를 통하여 체력 증진은 물론 성적 향상과 자존감이 크게 좋아지는 효과가 나타났다. 맨발걷기를 꾸준하게 열심히 했는데, 신체가 건강해지고 마음도 밝아지면서 공부도 잘하는 학생으로 바뀌어 갔다.

놀라운 변화가 일어난 것이다.

신기한 긍정의 마법이 일어나고 있다고 할까?

0교시 수업의 목적은 격렬한 운동을 통해서 학생들의 두뇌를 학습에 적합한 상태로 만드는 것입니다. 그러니까 학생들의 뇌를 깨어 있는 상태로 만들어서 교실로 들여보내는 것이지요.

—존 레이티, 『운동화 신은 뇌』에서

맨발로 흙을 걷게 하라.
뇌가 살아난다.
아이의 창의력이 살아난다.

흙을 만나면
자신을 사랑하고
지구를 사랑하게 된다.

학교운동장 만큼은
아이들에게
흙을 돌려주자.

—권택환, 『맨발학교』에서

칭찬은 고래도 춤추게 한다. 초창기에 학생들의 격려와 칭찬을 위한 방법을 생각하다가 아침에 학교로 오는 학생 순서대로 맨발걷기가 끝난 학생은 운동장 청소를 마치면 칭찬스티커를 나누어 주었다.
처음에는 10명만 나누어 주었고, 그 다음 날 20명, 그 다음 날은 50명으로 불어났다. 칭찬스티커를 받는 조건은 오는 순서, 맨발걷기, 운동장 청소였다. 아이들은 경보선수처럼 움직이며 칭찬스티커를 받으려고 애쓰며 노력하였다.
칭찬에 아이들이 달라졌다. 교장인 나보다 먼저 학교에 달려오고 퇴근 무렵까지 운동장에서 같이 맨발걷기 하자고 조르는 맨발 천재 노하윤(맨발학교 전국어린이회장)도 열심히 한 학생 중의 하나였다.

학교 수업 시간 외에 하는 운동장 맨발걷기 운동이 대구를 중심으로 일어났다. 맨발걷기 운동은 교육의 새바람, 즉 신바람이다. 대구에서 여러 학교에서 우후죽순처럼 동시에 맨발걷기 운동이 시작되었지만 꾸준하게 실천하는 학교는 많지 않다.

이정안 교장은 대구대청초등학교에서 맨발걷기를 도입하여 학교 현장에 터전을 쌓고 뿌리를 내리게 하였다.
대청초등학교에서 4년 임기를 마치고, 복현초등학교로 부임하면서도 이전 대청초등학교에서 실천한 노하우와 경험을 그대로 복현초등학교에 적용하였다.

그것은 무엇보다 교육에 대한 뜨거운 열정과 끈기가 있었기에 가능한 일이었다.

맨발걷기는 이제 또 하나의
한국의 교육 시스템과 트렌드가 되었다.
초등학교 국어 6학년 2학기
교과서(154~159쪽)에도 실렸다.

교실에 앉아만 있는 중·고등학생들에게 절실하게 필요하게 되었다. 그래서 맨발걷기 교육을 시도하려는 학교들이 늘어나고 있다. 무엇보다도 아이들과 선생님들이 좋아하고 즐거워하기 때문에 계속 실천하는 것이리라!

2020년 코로나19가 전세계를 공포의
도가니로 몰아넣고 있는 이 때,
복현초등학교는 맨발 백신으로
잘 건너가고 있다.

맨발은 누구를 위해서 하는 것이 아니다.
오로지 자신을 사랑하고,
타인에 대한 연민과 홍익 정신으로
꽃피우는 결과이리라.

이정안 교장은 임기가 2년정도 남았다.
"나의 소망은 교직에서 받은 좋은 에너지를 아이들과
선생님들에게 베풀고 간다. 맨발은 내일을 위한 무기이다.
일생을 살아갈 힘을 길러준다. 맨발교육, 거기에 한국의 미래는 있다."는
그의 교육관은 맨발로 시작해서 맨발로 끝난다.
맨발은 미래를 위한 투자이다.
이정안, 그가 교육현장에서 몸으로 부딪치면서 펼쳐온
맨발교육 거기에서 한국교육의 미래를 본다.

2020 2021

코로나19 비대면 속의
체·인·지 up! 프로젝트는
아이들에게 웃음 찾기 운동이었다.
맨발걷기를 좋아하는 아이들이
운동장에 하나 둘 늘어나면서
담임교사와 아이들의 표정이
밝아지기 시작했다.

3

코로나19
비대면 속에
맨발이 답이다

코로나19 팬데믹 속에서 6월 첫 대면 등교하다

2020년 2월 대구광역시 전체가 코로나19의 공포에 빠져 들었다. 매일 뉴스에서 신천지교회 발 감염 소식이 동시다발적으로 나오고 있었다.
2월 중순은 학교에서의 신학기 준비로 분주하게 움직이는 때로 십여 분의 선생님들이 다른 학교로 전출을 가고, 또 전입해 오곤한다.
새 학기 업무 분장과 학년 발표가 있었다.

교실 인수인계도 하고 3월 아이들 맞이도 준비하였다.
그러던 중 우리 학교도 세 분의 선생님이 코로나19 확진이 되었다.
마침내 코로나19가 우리 학교까지 공포로 몰아넣었다.
모든 교직원들도 2주간의 자가격리자가 되었다.
학교에서 처음 겪어보는 상황이라 교직원들과

학부모님들 모두 불안한 나날이었다.

대구광역시교육청에서 신학기 개학을 미룬다는 발표가 있었다.
학교는 어떤 일이 벌어질지 모르는 막막한 상태가 계속되었다.
불안한 상태로 3월~5월이 빠르게 지나갔다.

학생들이 없는 상태에서 선생님들과 아이들은 서로 얼굴도
모르면서 원격수업을 하였고, 선생님들은 유연근무라는
형태로 근무하였다.
드디어 6월 9일 첫 얼굴로 만나는 등교일이 다가왔다.
학교에 열화상 카메라도 준비하고 방역 기간제 교사들도
채용하면서 아이들을 만나려는 준비를 하였다.

학년말 방학 1, 2월과 3~5개월 코로나19로
아이들은 5개월만에 드디어 학교에 등교하였다.
교사들과 아이들 꽁꽁 마스크를 쓰고 있었지만
표정은 모두 어두웠다.

아이들이 잘 웃지도 않았고, 쉬는 시간에도 거리두기 방역 등으로
어두운 표정으로 학교생활이 시작되었다.

무표정한 아이들에게
웃음을 찾아주자

2020년 6월 9일,
드디어 학교에 등교하는 아이들은
모두 마스크를 쓴 채 무표정한 얼굴이었다.
무엇을 어떻게 해야 할지 막막하기만 하였다.
아침 등교 시간에 아이들에게 다가가서
말을 붙여보아도 별 반응이 없었다.

"학교와 집이 답답하고 재미없어요!"

아이들은 한결같이 재미없다고 말하였다.

선생님들은 방역을 철저하게 하면서도
혹시 감염될까 두려워 학교 수업과
원격수업 형태로 실시했다.

아이들도 학년에 따라 이틀에 한 번, 3일에 한 번
등교 수업과 원격수업이 실시되어 어수선하고
안정되지 않는 학교생활이 계속되었다.

새 학기 학생들의 생활은 이런 형태로 이어졌고
1학기 등교수업은 마무리되었다.
아이들의 표정은 한결같이
무표정하고 어두웠다.

짧은 여름 방학도 순식간에 지나갔다.
학교 경영자의 입장에서 아이들에게
어떻게 하면 웃음을 되찾아 줄 수 있을까
고민을 많이 하였다.

체·인·지 up!
행복 프로젝트

코로나19 시대지만 2020년도 복현초등학교의
학교 중점 특색을 '체(體)·인(人)·지(知) up!
프로젝트 교육'으로 정했다.

'체·인·지 up! 프로젝트 교육'의 운영 계획은
첫째, 활동과 체험 위주의 교육과정
학생들이 마음껏 배우고 성장할 수 있도록 신체 활동과
체험 위주로 교육과정을 편성하여 운영한다.
둘째, 놀이로 배우는 교육과정 운영
즐거움이 있는 학교생활을 하는 데 중점을 두어 운영하였다.
체험활동과 놀이로 배우는 교육과정을 운영한다.
셋째, 교육공동체가 함께 만드는 학교생활
학생, 교사, 학부모, 지역사회 모든 교육공동체가 함께
만들어가는 학교 문화를 조성하고 자율적으로 운영한다.
넷째, 가슴 따뜻함을 키우는 감성교육
따스한 가슴을 키우는 인성교육을 통해 전인교육이 이루어지도록
한다. 코로나19 속의 '체·인·지 up! 프로젝트는 무엇보다
아이들에게 웃음을 찾아 주는 것에 목표를 두었다.

학교에 전면 등교하면서 아이들이 좋아하는
빨·주·노·초·파·남 무지개색 티셔츠를 준비하여
아이들에게 나누어 주었다.

알록달록한 맨발걷기 티셔츠를 하나 둘 입고 아이들은
등교하기 시작했고, 학교 운동장에도 교과 담임 시간이나
담임 체육 시간에도 맨발걷기를 하는
학반들이 늘어났다.

아이들은 마스크를 잘 쓴 채 하는 생활이어서
운동장에서 하는 수업을 특히 좋아했다.

다시 운동장에서
7560 플러스 맨발걷기하다

2019년도부터 학교 운동장에서 맨발걷기한 습관 때문인지
아이들과 선생님, 학부모들도 점점 맨발걷기에 대한 기대감으로
학교생활을 하고 있었다.

학생의 요구
건강관리 및 체력 증진을 위한 아침, 중간놀이, 점심시간
운동장 맨발걷기에 대해 어떻게 생각하는가?
아침 운동장 걷기 운동에 대해 88.1%가 좋다고 하였고,
아침, 중간놀이 시간 걷기를 통해 즐거운 학교생활이 되었다고
대답하였다.
우리에게 가장 필요한 생활교육은?
학교에서 담임교사를 통한 인성교육을 강화해야한다는
답변이 많았다.

학부모의 요구
2020학년도에는 두뇌 기반 맨발놀이로 인성교육을 강화하였다.
2021년도에 추진했으면 좋은 인성교육은?
현행 지속두뇌기반 맨발놀이, 학교 폭력 없는 행복한 학교

문화 조성을 요구한다고 대답하였다.
뇌 활성화를 위한 아침, 중간놀이, 점심시간 운동장 맨발걷기에 대해 어떻게 생각하는가?
아침 운동장 걷기 운동에 대해 91.6%가 좋다고 대답하였고, 즐거운 학교생활이 되도록 인성교육 강화를 요구하였다.

지난 해에 이어 학교 운동장에 소금을 새로 뿌렸다. 운동장을 가꾸고 소독하여 전교생이 맨발걷기를 다시 시작하였다.

또한 발 씻는 곳에 호스와 고무 매트 준비를 하였고, 회전표시판, 미세먼지가 많을 때 안내판을 제작하여 운동장에 설치하였다. 놀이기구도 기간제 교사들이 매일 매일 닦아서 안심하고 운동장을 사용할 수 있도록 하였다.
놀이기구가 있는 모래도 소독한 모래로 새로 깔고 다시 운동장에도 소금을 뿌리고 작은 돌과 풀도 제거하였다.

맨발걷기를 좋아하는 아이들이 하나 둘 늘어났고, 맨발걷기를 실시하는 반들도 많아졌다.
담임교사와 아이들의 표정이 밝아지기 시작하였다.

힐링 오감만족 맨발놀이

〈신체활동 7560+를 통한 개인별 맨발놀이〉
신체활동 7560+란 1주일에 5일 동안 하루에 60분 이상 운동하기를 2019년도에 이어 학교 특색으로 정했다.

1학기, 2학기로 나누어 실시하고 장소는 운동장이다.
스포츠클럽 운영과 연계하여 매일 아침에 일찍 온 학생들을 대상으로 수업 시간 전까지 운동장에서 아침걷기 활동을 하도록 한다.

신체활동 7560+ 활성화를 위한 티셔츠를 학교 예산 500만원을 활용하여 구입하였다.

1학년 빨강, 2학년 주황, 3학년 노랑, 4학년 초록, 5학년 파랑, 6학년 남색으로 정했다.
작년에 2학년이라 주황색을 입었던 아이가 3학년이 되면서 노랑색을 입으니 2년, 3년 연속적으로 색깔별로 옷을 입어 보는 것이 좋다고 말했다.

학교 운동장이 좋은 흙으로 조성되어 있어

서민혜(4-1)

2019년도에 이어 맨발걷기를 3년에 걸쳐서 꾸준하게 학교 특색으로 정하였다.

'운동장 이용 수업'과 '놀이 수업'을 병행하여 실시함으로써 학교 수업 시간이 즐겁게 되어 학생들의 만족도가 높았다.

신체활동 학급별 계획표도 제시하여 학급별로 다양한 방법으로 운동장 맨발걷기를 실시하였다.

맨발놀이 때문에 수업 시간이 즐거워요!

2019년도부터 맨발놀이를 실시하였고,
2020 교육계획 수립을 위한 설문조사에서도
'맨발걷기'에 대한 학부모 91.6%, 학생 88.1%의
비율로 실천하기를 바랐다.

올해 맨발놀이를 처음 실시하는 1학년은 학부모 및 학생들의
사전 설문 조사로 원하지 않는 학생(140명 가운데 3명 거부)은
신발을 신고하도록 하였다.

수업 시간에 맨발놀이를 재구성하여 활용할 수 있도록
담임교사의 재량권을 주었다.

맨발놀이 수업 재구성 절차

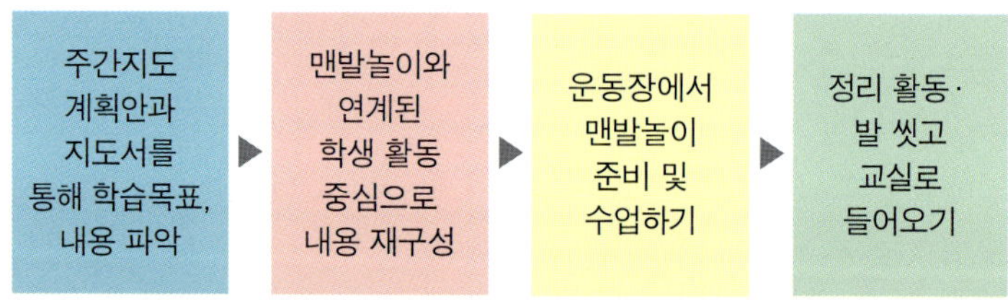

사방치기 놀이

학년별 맨발놀이 수업을 살펴보면,

1학년 슬기로운 생활 : 맨발로 운동장에서 양달과 응달의 차이를 느끼고 여름 날씨의 특징과 비 오는 날 맨발로 느끼기

2학년 즐거운생활 : 맨발로 달팽이 집 노래를 부르며 달팽이 집 놀이하기

3학년 미술 : 맨발놀이하는 친구들의 모습을 순간 포착하여 다양한 방법으로 사진찍기

4학년 체육 : 운동장 모래놀이터에 설치된 평균대 위를 맨발로 오르고, 내리고, 걷기 연습하기

5학년 미술 : 맨발로 운동장에서 돌면서 주변의 대상들에서 선, 형, 색을 살펴보기

6학년 과학 : 계절에 따라 달라지는 자연의 모습을 맨발로 운동장을 돌면서 관찰하기 등 학년별 맨발놀이다.

맨발걷기 오름길 실천한 우수 사례

2020년도와 마찬가지로 오전에 전교생이 수업을 마치고 귀가하도록 시정이 짜여졌다.
점심 급식 후에 전교생이 하교해야 하기 때문에 전교생 맨발걷기 중간놀이 시간을 확보하기가 힘들었다.
그러나 학년별로 10시에서 10시 15분까지 쉬는 시간을 모아서 중간놀이 시간을 확보하였다. 변동없는 학교 시정으로 힘든 학생을 배려하여 잠시나마 운동장에 나오는 시간을 확보해 주기 위해서 학교 시정을 조정해서 운영하였다.

1교시에서 4교시까지 덥지않는 시간은 언제든지 담임 체육을 하였다.
정해진 중간놀이 시간 확보도 중요했지만 1교시 2교시에 맨발걷기로 학교생활을 시작하는 반이 늘어날수록 아이들의 표정은 밝아지고 학교생활을 재미있어 하였다.

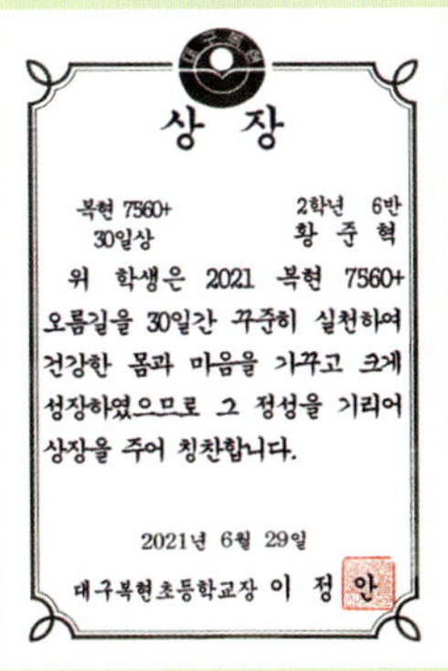

상 장

복현 7560+ 30일상

2학년 6반 황 주 혁

위 학생은 2021 복현 7560+ 오름길을 30일간 꾸준히 실천하여 건강한 몸과 마음을 가꾸고 크게 성장하였으므로 그 정성을 기리어 상장을 주어 칭찬합니다.

2021년 6월 29일

대구복현초등학교장 이 정 안

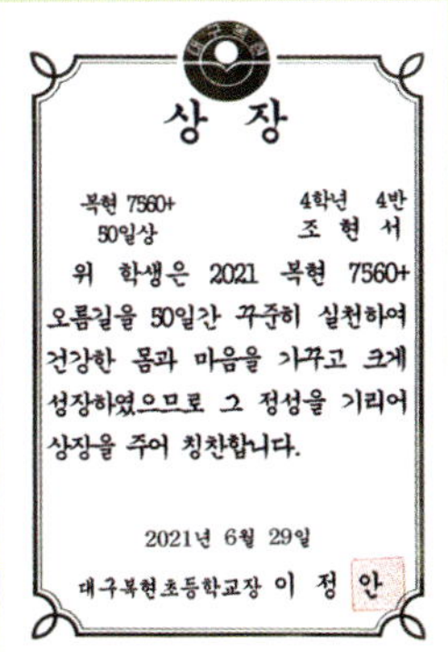

상 장

복현 7560+ 50일상

4학년 4반 조 현 서

위 학생은 2021 복현 7560+ 오름길을 50일간 꾸준히 실천하여 건강한 몸과 마음을 가꾸고 크게 성장하였으므로 그 정성을 기리어 상장을 주어 칭찬합니다.

2021년 6월 29일

대구복현초등학교장 이 정 안

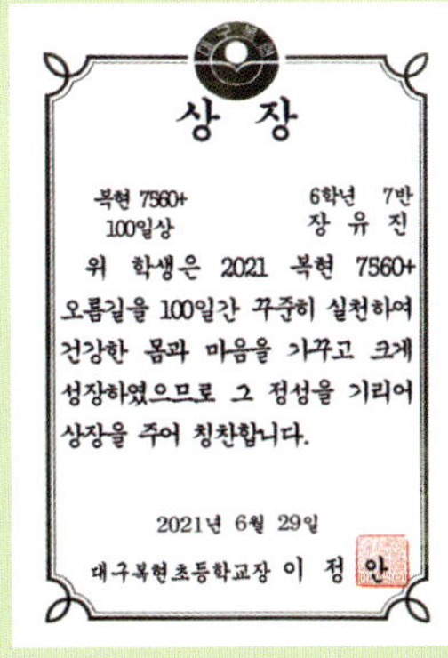

상 장

복현 7560+ 100일상

6학년 7반 장 유 진

위 학생은 2021 복현 7560+ 오름길을 100일간 꾸준히 실천하여 건강한 몸과 마음을 가꾸고 크게 성장하였으므로 그 정성을 기리어 상장을 주어 칭찬합니다.

2021년 6월 29일

대구복현초등학교장 이 정 안

2019년도에 50일 오름길, 2020년도에 50일 오름길,
2021년도에 30일 오름길 프로젝트에 연속하여 도전하는 것이
습관이 되도록 3년에 걸쳐 연속적으로 이어오고 있다.
2020학년도 2학기부터는 본격적으로 학급별로
맨발걷기 오름길에 시작하였다.
시작하는 반이 늘어날수록 아이들은 운동장에서 마음껏
소리치고 뛰어다니고 땀을 뻘뻘 흘리면서 달리고
축구하고 피구를 하였다.

복현초등학교 코로나19 시대 맨발걷기 학교 특색사업
오름길 프로젝트를 잘 실천하여 우수 학생 400여 명,
우수 학급 16반을 시상하여 격려하였다.

다시 맨발걷기를 시작하여
코로나19 이전 상태로 회복되어 갔다.

어울림 배움놀이로
행복한 아이

2020년도 배움놀이 실천 선도학교로 선정되었다.
배움도 놀이를 통해 습득하면 흥미와 능률이 높아지므로
수업과 놀이가 통합되어 이루어지도록 하였다.
전 교과에서 수업 재구성과 자료 확충을 통한 놀이 중심 수업과
적용을 통해 수업의 흥미를 높이고 긍정적인 인성을 함양하는데
도움이 될 것이다.

학교 교육과정과 연계한 배움놀이 운영은 다음과 같다.
교육과정 재구성을 통한 배움놀이 활동을 수업에 적용하고,
2학기 내내 수업 공개를 통해 배움놀이 활동을 적용하였다.
우수한 점과 부족한 점을 협의회를 통해 보완하였고,
선도학교 운영 홈페이지를 통해 결과를 공유하였다.

코로나19로 인해 개인별 사용을 원칙으로 하고 손 소독,
교구 소독을 철저하게 실시하였다.
운동장, 창의 교실 강당, 2019 복도 놀이공간 등을
놀이 장소로 마련하였다.

매주 금요일에 다음 주 주간 계획안을 바탕으로

놀이와 수업이 병행되는 내용을 선정하고 수업을 준비하였다.
역할극, 역할 놀이, 조작활용, 소꿉놀이, 모래놀이, 맨발놀이 등을 활용하여 활발한 놀이 중심 수업을 진행하였다.

환경 조성을 통하여 능동적으로 참여하는 수업이 가능해졌다.
교사들의 노력을 통해 즐거운 공부가 되도록 함으로써
수업에 대한 긍정적인 마인드를 형성하였다.
교사들의 모든 노력은 즐거운 배움놀이 활동에 모아졌다.

교육과정 분석을 통한 1학년 배움놀이 적용 과목·차시 정하기

영 역	성취기준 내용	적용 가능한 배움 놀이
학교	[2즐01-01] 친구와 친해질 수 있는 놀이하기 [2즐01-02] 다양한 방법으로 교실을 꾸민다. [2즐01-03] 나의 몸을 창의적으로 표현하고, 활발하게 움직일 수 있는 놀이하기 [2즐01-04] 나의 흥미와 재능 등을 표현하는 공연·전시 활동을 하기	인터뷰 놀이하기 술래잡기 놀이하기
봄	[2즐02-01] 봄의 모습과 느낌을 창의적으로 표현하기 [2즐02-02] 봄을 맞이하여 집을 아름답게 꾸민다. [2즐02-03] 봄에 볼 수 있는 동식물을 다양하게 표현하기 [2즐02-04] 여러 가지 놀이나 게임을 하면서 봄나들이를 즐긴다.	수건돌리기 놀이하기

체육, 배움놀이 교육과정을 운영하다

배움 놀이 활동을 통해 수업 속에서 놀이 활동을 강화하여 즐거운 학습이 일어나도록 하였다. 이것은 긍정적인 학습 동기를 강화하고 체육활동을 강조한 교육과정을 편성하여 심신의 성장을 도모하도자 함이었다.
더불어 함께 즐길 수 있는 정서적이고 안정적인 인성 역량을 기르는 데 그 목적이 있다.

코로나19로 인해 수업 일수의 감축에 따라 수업 시수가 줄어 들었지만, 아이들이 가장 좋아하는 체육 수업시수는 최대한 확보하여 운영하였다.
1~3학년은 연간수업시수 90% 확보하였고,
4~6학년은 91% 확보하였다.

운동장에는 민속놀이 라인을 설치하여
전교생이 언제든지 민속놀이를 할 수 있도록 하였다.
운동장에 사방치기 두 군데, 팔자놀이 한 군데, 달팽이 한 군데, ㄹ자놀이 한 군데, 오징어 놀이 한 군데를 설치하였다.

또한 교과전담교사도 체육수업에 우선 배정하였다.

책가방 없는 날 투호놀이에 열중하다

주당 3~4학년은 1차시~2차시 5학년은 2차시, 6학년 3차시씩 배정하여 체육수업을 강화하였다.

또한 복도 유휴공간을 활용한 놀이공간을 조성했다. 2019년도 자원금을 공모하여 본관 3,4층에 놀이공간을 조성하였다. 아이들이 방과 후 시간, 쉬는 시간, 점심시간 등에 활용하도록 하였다.

다(多) 같이 놀자!

학교에서 이루어지는 정규교육과정 외의 시간에도 체육 관련 활동을 지속할 수 있도록 학교스포츠 클럽과 방과후 학교 운영 등을 통해 체육 관련 부서를 편성하였다.

또한 사제 동행 체험 활동과 효의 날을 운영하였다. 스포츠 클럽과 방과후 학교 운동장에서 선생님과 함께 걸으면서 소통과 화합의 시간 갖기 사제동행 걷기를 하였다.

또한 매달 마지막주 토요일 가정과 지역사회 효체험의 날 프로그램을 운영하였다. 조부모님 댁이나 경로당을 방문하여 어르신들께 옛날이야기 듣기와 전통 민속놀이 등을 체험하도록 하였다. 일기장에 활동 소감을 적도록 하였다.

뱅글뱅글 달팽이 놀이 즐겁다

코로나19의 사회적 거리두기 1단계일 때 단기 방학과 방학을 이용하여 친인척을 방문하고 '토닥토닥 가족애' 시간을 갖도록 하였다.

1. 친인척 방문하기
   저학년 : 조부모님과 사진 찍기, 조부모님과 함께한 내용 그림 일기 써보기 등
   고학년 : 조부모와 함께한 기행문 작성, 함께한 내용 만화로 나타내기 등
2. 친인척에게 편지 쓰고 답편지(손편지나 폰 메시지 등) 받기
3. 친인척 체험 보고서를 담임께, 또는 학급 홈페이지나 학교 홈페이지-학생마당-〈가족공감-행복한 家〉 제출하기 등이었다.

내 안에 나를 찾는 체육동아리

북구청 예능 체육교육 지원 사업을 활용하여
외부 강사를 채용하여 체육동아리를 운영하였다.

학년별 동아리를 살펴보면,
1학년 오감놀이부 1~5개 부서,
2학년 오카리나부, 그 외 5개 부서
3학년 창의음악부, 아트&하트부 2개 부서
4학년 쿵덕놀이부, 표현놀이부 2개 부서
5학년 음악놀이부, 미술놀이부 2개 부서
6학년 놀이공예부, 교실아트부, 하모니부 3개 부서 등이다.

1~2학년은 학급별로 음악줄넘기와 필라테스 수업을 2~4시간 지원하였다. 3~6학년별로 학급 당 동아리 활동 총 18시간 중 동아리 강사가 연간 10시간 이상 수업을 지원하였다.
필라테스 강사 채용, 수업 계획, 학년별 시간표를 업무 담당자가 편성하여 운영하였다. 전문가의 수업을 통헤 학생들의 신체 및 운동 기능이 향상되었고, 학생들의 흥미를 극대화하여 즐거운 수업이 되었다. 학생들의 흥미와 관심이 높은 체육 동아리 운영을 통해 학생들의 기초체력이 향상되었다.

학년별 한마당
체육놀이 축제!

코로나19 확산에 따른 신체 활동 제한의 누적으로
학생들의 기초체력이 현저하게 떨어졌다고 판단되었다.
본교에서는 교사의 업무 경감 차원에서 격년제로
'교육과정 발표회'와 '복현 체육 한마당'을 실시하였다.
코로나19로 학부모는 초청하지 않았고,
2020년 10월 '학년별 한마당 체육놀이 축제'를
하루에 3시간씩 열었다.

학년별 한마당 체육놀이 축제를 살펴보면.
1학년 밤 따러 가자, 가마 놀이, 산 넘고 물 건너(장애물 달리기)
2학년 세계 여행(공 이어 나르기), 동네 돌기 놀이, 꼬리잡기
3학년 큰공 굴리기, 장애물 이어달리기
4학년 장애물 이어달리기, 반별 대항 달리기
5학년 반별 피구경기, 줄넘기, 반별 대항 달리기
6학년 학반별 피구경기, 학반별 배구경기, 학반별 발 야구,
민속놀이, 큰공굴리기, 장애물 이어달리기 등 학년에
알맞는 종목을 운영하였다.
운동장과 강당 사용의 혼잡을 피하기 위해 '복현 체육 한마당'이
운영되는 주간에는 체육 교과수업을 실시하지 않았다.

들썩들썩 학년별 fun-day 운영

코로나19로 인해 교외 체험학습이 어려워짐에 따라 학교 내에서 활동과 체험 중심 학년별 활동을 확보하였다. 책가방 없는 날을 통해서 즐겁고 부담 없는 학습이 되도록 하였다. 예능 체육활동과 놀이 위주의 활동을 운영하였고, 코로나19 예방을 위해 학년별로 학급 위주의 활동이 되도록 했다.

fun-day 운영 방침
책가방 없는 날을 통해서 교과서 및 지식 위주의 학습에서 벗어날 수 있도록 하였다.
예체능 교육과 놀이 교육 위주의 활동을 계획과 코로나19 예방을 위해 학년별로 활동을 계획하되 학급 위주로 활동하였다.

학년별 fun-day 운영 내용은 다음과 같다.
코로나19로 인해 교외 현장 체험학습이 어려워짐에 따라 2019년 2월에 세운 2020학년도 현장 체험학습 계획을 변경하여 2학기부터 학교 내에서 활동과 체험 중심의 교내 학년별 체험학습을 계획하여 실시하였다.

운영 내용을 살펴보면

1학년 나라사랑 체험활동하기
2학년 교실과 운동장에서 전통놀이 체험하기, 가을의
 자연 환경 돌아보기
3학년 전통문화 체험하기, 친환경 생활용품 만들기
4학년 예절 체험하기, 도자기 만들기와 염색 체험하기
5학년 선비문화, 예술문화 체험하기
6학년 탐구활동하기, 대구체육학습장에서 체육체험 활동하기

체험활동

- 추석 음식만들기 : 가을에 열리는 열매 알아보고 추수해 주신 분들께 감사의 마음 표현하기
- 추석에 먹는 음식 알아보기
- 색점토, 고무찰흙, 조각칼로 추석 음식 만들기 : 송편, 산적, 배, 사과, 밤, 햅쌀밥
- 만든 음식으로 상차림하기 등 질서 있게 학습 활동 놀이에 참여하도록 지도하였다.

책가방 없는 날 운영으로 체험과 놀이 활동이 중심이 되었고,
학습의 효율성과 능률성을 제고하였다.
체육 활동 교육을 운영하여 즐거운 경험을 제공하고
학교생활이 fun-day가 되도록 하였다.

맨발놀이에 도전하는 학급별 모습

2021년 학년별로 운동장 수업이 늘어나고
예전의 건강한 웃음을 찾게 되었다.

4학년 2개 반은
텃밭 가꾸기와 맨발걷기를 병행하여
학급 특색으로 운영하고 있다.
물통에 물을 담아 텃밭에 물을 주어
아이들은 맨발로 운동장도 걸으면서
얼굴에는 웃음으로 가득 찼다.

"교장 선생님, 맨발걷기와 텃밭 가꾸기
너무 신기하고 좋아요!"
"오늘 가지와 고추와 방울토마토를 땄어요!"
"오늘은 텃밭에 잡초를 뽑는 날이예요!"
"어떤 2학년 아이들은 등교하자마자
텃밭에 채소가 잘 자라고 있나 봐야 해요!"

또, 3학년 7개 전체 학반은 맨발걷기 오름길 상을
모두 받는다고 자랑하였다. 노랑 맨발 티셔츠를 입고

매일 아침 1교시를 시작하는 3학년 학생들은
등교하여 바로하는 습관이 되어 가고 있었다.

2학년 3반과 1학년 2개 반은
맨발걷기를 하자고 졸라서
1~2교시 시원한 시간에 경쟁하듯
맨발걷기를 하고 있다.

1학년 7반의 어떤 학생은
빨강색 티셔츠를 입고 맨발걷기를 하면서
“천국보다 더 좋은 게 맨발걷기예요!”
담임선생님과 교장에게 여러 번 말하였다.

2021년도에 미세먼지 심한 날 하루를 제외하고
매일 나왔다는 2학년 6반 아이들 다리가 유난히
튼튼하다.
“매일 교장 선생님 달리기해요!”하면서 조르곤 했다.
그렇게 시작한 2학년 6반 아이들과 달리기는
한 달 동안 계속되었다.
“일본유치원에서 1년 동안 아침 맨발 달리기를 한
아이들의 지능은 두 학년은 띄어넘는다”라는 사례가
권택환 교수의 『맨발 학교』에 소개되어 있다.
하루도 빠짐없이 실시한 복현초등학교 2학년에서도
이런 기적이 일어나고 있었다.

맨발걷기 1년을 실천하고

2019년 3월에 부임하여 맨발걷기를 시작하였다.
복현초등에 부임해 와서 교무부장 배수진 선생님과 3년 가까이 맨발걷기를 함께 하였다. 맨발걷기를 1년 실천하고 나서 「새로운 세상을 걷다」 맨발걷기의 체험일기를 옮긴다.

> 2019년 3월 이후 새로 부임하신 교장선생님의 실제 경험과 맨발학교 교장선생님의 맨발걷기 관련 강의를 듣고 맨발걷기에 관심이 생겼고, 우리 반 아이들과 함께 학교 운동장을 걸어보고 싶다는 생각이 들었다.
> 4월 첫째 주 월요일을 맞이하여 아이들과 운동장으로 향했다. 학교에서 처음으로 양말을 벗고 흙을 대하는 기분은 어떨까? "발바닥이 간질간질 개미가 지나가는 것 같아요." "구름 위를 걷는 것 같아요." "몸 속으로 좋은 기운이 들어오는 것 같아요." 등 맨발걷기에 대해 아이들은 기분 좋은 표현들을 쏟아냈다.
> 첫 날의 좋았던 기분을 이어 그 이후로 거의 매일 아이들과 맨발걷기를 하였다. 주로 1교시를 이용하여 모든 교과수업과 창체 활동을 연계하여 맨발로 먼저 걷고 그와 관련지어 수업활동을 이어갔다.
> 운동장에 나가는 것만으로도 즐거운 아이들은 매일 매일 아침 시간을 기다렸다. 비가 오면 우산을 쓰고, 해가 나면 모자를 쓰고, 친구들과 이야기하며, 선생님과 이야기하며 달리다가 걷다가

노래부르다가……. 우리들이 맨발을 걸을 때면 교장선생님께서도 나오셔서 동행해주셨다.

봄에는 운동장에 돌을 함께 주우셨고, 여름에는 장미덩굴 앞에서 사진도 찍으시고, 가을에는 알록달록 나뭇잎을 주우셨다. 겨울에는 맑은 하늘을 보며 눈만 마주쳐도 기분 좋은 웃음을 나누었다. 처음에는 여러 가지 이유로 맨발걷기를 꺼리는 아이들이 5~6명은 되었으나 함께 맨발을 걸으면 좋은 일이 많아지는 것을 스스로의 체험으로 알게 된 아이들은 함께 걸으며 즐거움을 느끼기 시작했다.

간혹 학교행사 등으로 맨발걷기를 못하고 집에 갈 때면 아쉬워하는 아이들이 많았고, 주말에는 가족들과 맨발걷기를 하는 아이들이 점차 늘어났다.

어느새 12월이 되었고, 기온이 많이 내려가 아침시간에는 맨발을 걷기가 힘든 시간이 찾아왔다. 하지만 우리 반 아이들의 맨발걷기에 대한 열정은 막지 못했다.

'맨발걷기 특공대'를 조직해서 서로를 독려하면서 1~2교시 대신 3~4교시를 이용해서라도 맨발걷기는 꼭 하게 되었다.

그렇게 사계절을 함께 걸으며 우리들은 소중한 시간을 맨발걷기로 채웠다. 맨발걷기로 1년을 보내면서 아이들이 신체적으로 강인해진 것은 말할 필요도 없고, 에너지를 마음껏 발산시킬 기회를 주니 공부 시간에는 주의집중을 잘하게 되었다.

정서적으로 안정이 되어 서로가 서로를 아끼면서 배려하고 협력하는 학급 분위기가 조성되어 따로 생활교육을 할 필요가 없게 되었다.

행복함으로 충만한 아이들은 자신을 사랑하고 주위 사람들을 존중하고 아끼는 마음으로 친구들과 가족들이 함께 맨발걷기를 꾸준히 하게 될 것이다.

권택환 교수 맨발 교직원 연수를 마치고(2020. 4. 12)

코로나19 공포
맨발걷기로 극복하다!

2020년 코로나19로
우울한 표정의 아이들에게 예전처럼
밝은 표정을 찾아 주기 위해
무엇보다 담임선생님들이
열심히 노력하였다.

2021년 3월 마침내 2020년의 우울하고 아픈
지난 1년을 잘 만회하여야 한다고 생각들로 가득 차서
모든 교직원들은 2021년도는 전면 등교를
최대 목표로 삼는 듯 준비에 여념이 없었다.

2020년 갑작스러운 원격수업으로
1~2학년들의 적응이 힘들었던 터라
교육부에서도 1~2학년은 무슨 일이 있어도
전면등교를 한다는 원칙을 선포하였다.

대구광역시 교육청의 방침에 따라
소규모 학교나 대규모 학교나 모두 전면 등교를 시행하였다.
우리 학교는 방역지침에 따른 시간과 거리두기를 계획하여

복현초등 1학년 2반 교실 현장 방문

맨발걷기 활동도 계속 이어나갔다.

학교에 온 학생들이 너도나도
맨발걷기 언제 하느냐고 조르는 바람에
1학년에서 4학년까지 담임 체육을 하는 학년에서는
시원한 1~2교시에 먼저 맨발걷기를 실시하여
운동장은 빨강 학반 두세 반, 주황 학반 두세 반, 노랑 초록
학반들로 가득 찼고 아이들의 표정은 코로나19 이전처럼
표정이 밝아졌다.

- 「코로나시대 우리 아이 면역력 기르기」라는 주제로 학부모 화상 연수를 실시하였다.
- 화상으로 하는 연수가 익숙하지는 않았지만 코로나시대

대구광역시교육청 강은희 교육감이 2학년 맨발놀이 시간에
운동장에서 아이들과 손을 맞추다

입학을 한 1~2학년 학부모들에게는 많은 도움이 되었다.

- 코로나시대에 맞는 아이들 면역력 기르는 방법을 알 수 있는 기회였다.
- 화상 이론 연수에 이어 모든 교직원들이 운동장에 나와 함께 걸으면서 맨발걷기 실습 연수를 하면서 마무리했고 코로나로 처음 실시하는 연수에 많은 도움을 받을 수 있게 되었다.

맨발걷기로 아이들의 함박웃음도 다시 찾을 수 있게 되었다.
이것은 한마음 한뜻이 되어 맨발걷기로 아이들에게
함박웃음을 돌려주기 위해 노력해준 본교 전 직원들에게
그저 고맙고 감사할 뿐이다.

'빨·주·노·초·파·남'
무지개색 티셔츠를 입고
수백 명이 함께 걷다가
첫 수업 종이 치면
아쉬워하면서도
활기차게 교실로 향하는 모습은
언제나 감동적이다.

4

맨발을 꿈꾸는 복현 시선들

너도나도

손이랑(3-4)

너도나도 맨발
어? 너랑나랑
발 크기가 다르네
폭신폭신 그런데,
구름보다 조금 딱딱하다.

너도나도 맨발
어? 너랑나랑
발 피부가 다르네
또르르르— 갑자기
돌이 굴러간다.

너도나도 맨발
어? 나는 점도 있네
룰루랄라~
하지만,
맨발걷기는 재미있다.

맨발걷기 맨발걷기

최 린(4-3)

햇빛은 쨍쨍
모래알은 반짝
따끔따끔 모래

비가 오면
부드러운 모래
친구들과 신발을 벗고
맨발걷기 맨발걷기
주문 외우듯
맨발걷기

집에 왔더니
발이 활짝 웃는다.
내일도
맨발걷기해야지!

개미도 맨발하네

정호용(5-4)

우리 학교는
맨발걷기를 한다.

한 걸음 걸을 때
한 번 영재가 되고

두 걸음 걸을 때
두 번 영재가 되고

세 걸음 걸을 때
세 번 영재가 된다

개미도 똑똑해지고 싶어
맨발걷기를 한다.

맨발걷기 스티커

윤재성(5-3)

운동장에 나가서
신발과 양말을 벗는다.
"샤샤샤샥"
내 발에 모래가 달라 붙는다.
맨발걷기가 끝나면
교실에 들어간다.

맨발걷기 스티커 떼어 붙인다.

"드디어 50개를 넘었다!"

내가 이만큼이나
모은 것이 뿌듯하다.

맨발걷기의 마법

김채빈(5-3)

나는 4학년 때 전학을 왔다. 그래서 모든 것이 새롭고, 낯설었다. 일주일이 지나 적응이 되었는데, '맨발걷기'를 알게 되었다. 처음에는 이렇게 생각했다. '어떤 느낌일까? 발바닥이 따끔할 것 같은데…….' 하지만 한쪽 발을 내딛는 순간 어? 내 생각이랑 다르게 따갑지도 않고 시원했다. 그래도 가끔씩 나오는 큰 돌 때문에 '아야, 악!' 소리를 낼 때도 있지만 여전히 맨발걷기를 할 때마다 멍~하게 걷게 된다.

가끔씩 맨발걷기가 끝나고 노는데 놀이터에 개미가 바글바글했지만 주차장쪽에 땅따먹기, 8자 놀이가 있어서 다행이다. 반에 가야할 시간이 되면 하던 놀이를 멈추고 수돗가를 향해서 친구들과 뛰어간다. 왜냐하면 빨리 뛰어가지 않으면 발씻을 순서를 기다려야 하기 때문이다.

발을 씻어서 수건으로 닦고, 양말을 다시 신고 실내화를 신으면 발바닥이 따뜻해진다. 그런데 가끔씩 개구쟁이 남자애들이 여자애들한테 물을 뿌린다. 그래서 실내화를 신고 바로 반으로 가야 된다. 그렇게 하지 않으면 내 옷과 몸이 물범벅이 된다.

나는 맨발걷기를 하러 갈 때마다 설렌다. 처음에는 이상하게 생각했지만 너무 신기하고 재밌었다. 오늘도 맨발걷기를 갈 수 있었으면 좋겠다. 맨발걷기는 마법처럼 내 마음을 흔들리게 한다.

뭐? 흙이 더럽다고?

전윤호(5-1)

어른들은 흙이 더럽고, 병균이 많다고 한다. '흙이 깨끗한데 더럽다니'라는 생각이 들 때가 있다.

그런데 어른들이 생각한 병균이 많지만, 왜 휴대폰, TV 등 사용하는 것은 더럽다고 하지 않는다. 나는 도무지 이해가 안 간다.

암예방 같이 예방할 수 있는 병도 많고, 우리가 받은 전자파도 나가는데 맨발걷기를 하지 말라고 한다.

과학적으로 증명되었지만, 어른은 병에 걸릴 수 있다고 한다. 하지만 어른들의 말은 틀렸다.

예를 들자면 어떻게 예전에 신발이 나오지 않았을 때, 어떻게 그들은 건강할까?

예전에 맨발걷기로 병에 걸린 것도 아닌데 병에 걸린다는 건 말이 안 된다.

그리고 맨발걷기 스티커판은 아이들이 맨발걷기를 하게 만들 수 있어 좋지만, 아이들은 상을 목표로 할 수 있어 단점도 된다.

라면, 햄, 소시지에 코팅은 흙보다 위험한데 그런건 잘 먹는다. 어쨌든 맨발걷기가 좋은 점을 부모님에게 알려주고 싶다.

나는 친구들이랑 매일 맨발걷기를 하고 싶다.

김주성(1-4)

이건후(1-5)

권다은(2-3)

장예원(5-3)

박시훈(2-1)

이승원(1-6)

이준서(2-6)

신민규(3-3)

윤예서(2-1)

손승국(4-2)

권기덕(3-3)

김기범(5-3)

연진아
다른사람과
비교하지
말고 너의
인생을
즐겨
사랑해!
- 늘 너를 응원하는
아빠. 엄마가 -

성윤이의
밝은 웃음
을 간직하길
엄마가

있는 힘껏 자신만의
꽃을 피우길
辛丑年 四月 二十九日 書
꽃효은

괜찮아
할수있어!

My Life Changer 맨발걷기

신희경(수석 교사)

24년간의 교직 생활 중 학생들과 일터의 소중함을 가장 벅차게 느끼던 나는 2017년 어느 날 유방암이 갑작스럽게 발병하였다. 1년 6개월에 걸친 치료 끝에 2019년 3월 큰 용기를 내어 학교에 복직하였다. 학교 업무와 수업에 최선을 다하고자 하는 마음이 컸기에 혹시 나의 부실한 건강으로 학교에 폐를 끼치면 어쩌나 하는 걱정이 항상 있었다.

그러던 중 2019년 3월 권택환 교수님의 맨발걷기 연수를 큰 기대 없이 전체 교직원들과 함께 들었다. 다양한 맨공 체험 동영상과 오랜 기간 수련해 온 분들의 경험을 들을 때만 하더라도 크게 가슴에 와 닿지 않았다. 하지만 맨공 체험자들의 맨발걷기가 잠을 푹 자게 한다는 한결같은 증언이 나를 운동장으로 불러내었다.

유방암 치료를 위해서는 5년간 타목시펜이라는 항암제를 먹어야 하는데 이 약으로 인하여 불면증이 초래된다. 이것은 거의 대부분의 환자가 겪는 증상이다. 나는 잠을 푹 자고 싶다는 소망으로 아침 일찍 출근하여 운동장에서 맨발걷기를 40분 이상 거의 90일간을 해나갔다.

수면의 질이 개선되는 느낌은 첫날 바로 왔다. 어떤 날은 맨공 시작 이전처럼 잠이 잘 오지 않을 때도 있었지만, 조금 더 긴 시간을 맨공에 투자하니 이 또한 점차 개선되었다. 잠이 보약이라고,

잠을 제대로 자니 그저 줄이고만 싶던 학교 업무에도 자신이 생겼다. 늘 언제 퇴직할까 고민하던 내가 부족하지만 최선을 다해 학교가 필요로 한다면 오래도록 근무하며 학생들과 지내고 싶다는 열망과 의욕이 생겨났다.

체력이 서서히 올라오면서 정신적으로 굳건해졌고 정서적으로도 안정되는 내 자신을 발견했다. 보통 암 환자들은 치료 기간 동안 초조와 불안감을 안고 살아가는데, 솔직히 나는 그런 것 전혀 느끼지 않고 있다. 오히려 친구들과 가족들이 눈치를 보며 내 건강과 안부를 묻을 때마다 맨발걷기를 칭송하며 권유하고 있다.

또한 스트레스 조절 능력이 많이 향상 되었음을 느끼는데, 정신이 몸의 일부분임을 생각할 때 당연한 결과이다. 요즘은 뭔가 중요한 것을 결정해야할 때 혼자서 운동장을 조용히 맨발로 걷는다. 마음이 차분해지고 머리가 맑아져 현명하게 판단할 수 있어서 좋다.

학생들과도 함께하고 싶지만, 비담임 교사라서 학생들과 함께 맨공을 할 수 있는 시간이 제한된다. 요즘은 방과후 영어 동아리 시간 중에 학생들과 맨발걷기를 하며 영어 학습도 병행하고 있는데, 동아리 학생들은 모두가 맨공 프로들이다. 즐겁게 맨공을 한 후 교실에 돌아와 초집중하며 영어 수업을 한다.

나의 교직 생활 중 가장 큰 행운 중의 하나인 맨발걷기!! 적극 권유해 주신 이정안 교장 선생님과 좋은 강의를 해주신 권택환 교수님은 나의 건강 은인이다.

어, 선생님, 모자 쓰신다

강경미(4-4 담임)

"어, 선생님 모자 쓰신다." 이 말은 올해 우리 반 친구들이 한 말 가운데 내가 좋아하는 말이다.

코로나19의 확산 상황에 따라 그날 그날 맨발걷기를 할 수 있는지가 달라진다. 또 운동장에 여러 반이 나가면 다른 반과 겹칠 수도 있다. 맨발걷기 한번 하려고 하면 고려해야 할 상황이 많다. 그래서 '아침 시간에 걷자, 점심시간에 걷자.' 시간 약속을 할 수가 없다. 맨발을 걸을 수 있는 상황이 되면 나도 모르게 모자를 먼저 썼나보다.

선생님의 작은 움직임에 관심을 가져준 고마운 우리 반 친구들의 마음이 담겨 있는 말이 아닌가. 간절히 맨발걷기를 하고 싶은 아이들이 언제 맨발걷기 나가는지 유심히 관찰한 결과인가. 맨발걷기에 대한 우리 반 친구들의 바람이 담긴 말일 수도 있겠다. 어떤 의미여도 좋다. 아이들의 사랑과 즐거움이 담겨 있으면 그것으로 감사하다.

우리 반은 맨발걷기를 해도 좋고, 신발을 신고 걸어도 괜찮다고 했다. 나는 좋은 것일지라도 억지로 하길 바라지 않는다. 학생 개인의 자유의지에 의한 선택을 경험하게 하고 싶기 때문이다.

맨발걷기에 열심히 참여한 친구들은, "이제는 신발걷기는 뭔지 밋밋한 거 같아요. 맨발걷기가 좋아요."라고 이야기하곤 한다.

맨발걷기를 실천하며 우리 반 친구들과 함께 쌓은 추억도 많다. 아이들과 맨발로 텃밭에 채소를 심어 열매를 수확해 보고, 잎의 생김새도 관찰했다. 맨발로 전통놀이도 하고 경도 놀이도 했다. 맨발로 체육수업도 하고 운동장에 물그림 그리기 놀이도 했다. 특히 비온 뒤 맨발을 함께 걸었던 기억은 오래 남을 것 같다. 발가락 사이로 삐져나오는 흙의 부드러우면서도 간지러운 느낌이 나에게도, 우리 반 친구들에게도 좋은 기억으로 남아있기 때문이다.

맨발걷기는 나와 우리 반 친구들을 하나로 묶어준 사랑의 끈이다. 고마운 시간이다. "개미도 맨발걷기를 하나 봐요." "수중도시를 걷는 거 같아요." "발이 시원해요." "흙이 까슬까슬해요" "흙이 말랑말랑해요."

나는 이런 느낌과 말들이 그냥 좋다.

맨발걷기 언제 가요?

박이화(2-6 담임)

"어? 일찍 왔네? 어서와~"

"선생님, 오늘 맨발 걸으러 언제 나가요?"

아이들이 처음 보자마자 가장 먼저 하는 말이다.

'후훗 녀석들……'

2학년 아이답게 지랑내랑 묻고 답하기를 우리 반 학생 수만큼 해야 끝나는 질문이다. 그래서 꾀를 생각했다 내 편하자고

"얘들아, 이제부터 우리 반은 무조건 9시에 맨발한다!"

이렇게 해도 끝나지 않는 질문. 으윽…….

"언제 나가요?"

"옷 입을까요?"

"먼저 나가도 되요?"

이제는 꽤나 이력이 났다. 맨발걷기를 시작하고부터 한 손가락에 꼽을 정도만 못나가고 정말 매일 운동장으로 맨발하러 나갔다.

"와아!~~"

우르르 쏟아지는 아이들의 함성과 함께 시작되는 맨발걷기.

"발바닥이 간지러워요."

"땅이 안마해주는 것 같아요."

"시원해서 좋아요."

"발이 뜨거워요."

"따끔거려요."

"물 웅덩이를 만나면 차박차박 바다가 생각나요." 등

저마다 한 마디씩 내뱉는다.

날이 따스하면 따스한대로 좋고,

비오는 날이면 더 좋고,

궂은 날이면 그래도 좋고,

뜨거운 햇살이 내리 쬘 때면 그늘 찾아 걸어도 좋다.
운동장과 함께 아이들이 정말 많이 성장했다.
친구들과 어울려 노는 법을 배우고
운동장 식물들과 사계절을 배우고
곤충과 친구가 되기도 하고

무엇보다 교장선생님과 아이들의 눈맞춤이 운동장에서
시작되어 친구처럼 속내를 털어놓고 하루를 즐겁고
행복하게 시작한다.
2학년 6반, 끝까지 화이팅!!

무지개로 피어난 '맨발로 교육'

2016년 11월, 나에게 맨발걷기는 운명적으로 다가왔다.
나는 교장 초임지인 대청초등에서 망설임없이
2017년 신학기부터 맨발걷기를 현장에 도입하였다.
2년간 시행착오를 거듭하면서 서서히 체계를 잡아나갔고,
2019년 새로 자리를 옮긴 복현초등에서는
3년간 축적된 실천 경험으로 이제는 교육 현장에서
안정적으로 '맨발로 교육'을 운영하고 있다.

대청초등에서 처음 학교 현장에 맨발로 교육을 도입할 때는
어려움이 많았다. 맨발걷기에 대한 이해와 여건이 부족한
상태에서 실시하다 보니 어쩔 수 없이 시행착오를 겪게 되었다.
생각도 못한 난관에 부딪혔지만 하나하나 해결해 나가다 보니
그 자체가 삶의 활력소와 맨발로 교육에 대한 믿음으로 쌓여갔다.

초창기 '맨발로 교육'을 어떻게 학교 현장에 가져올까?
학년별로 '빨·주·노·초·파·남' 무지개 색 티셔츠를 입고

시작한 맨발걷기는 금방 아이들의 마음을 사로잡았다.
신발을 벗어 던지고 운동장을 뛰어다니는 아이들의 모습에서
맨발걷기는 여섯 색깔의 무지개로 피어올랐다.
대청초에서 아침 맨발걷기 운동하는 아이들보다 먼저 운동에
도착하기 위해 노력했던 처음의 1년, 그 다음해 2년까지
1000명의 아이들이 7560+ 티셔츠를 입고
함께 맨발걷기를 해준 아이들에게
다시 한번 '마음의 100일상'으로 고마움을 전한다.

복현초등에서 2019년은 '맨발로 교육' 적용하는 시기로서
먼저 교육공동체가 함께 하는 「체·인·지 up 프로젝트」 기반
조성이었다. 맨발놀이, 텃밭 가꾸기, 식생활 개선 등
자연 친화적인 프로그램으로 힐링 분위기를 만들었고,
실천 중심 체육 교육 활동 기반을 마련하였다.
2020년 2021년은 예상하지 못한 코로나시대임으로
'맨발로 교육'이 더욱 절실하여 학년별 학생 발달 단계에 맞는
프로그램과 인성교육이 지속적으로 이루어지도록
놀이와 활동 중심 교육과정을 재구성하여 실천하였다.
코로나19 시기에 아이들은 신체 크기는 많이 자랐지만
넘어지거나 다치는 아이들이 많아서
운동 감각과 뇌 감각을 깨우는 운동이 필요하였다.

'맨발로 교육'은 가장 쉽고 재미있는 놀이학습이면서
교육과정을 선택과 집중으로 재구성하여 실시하였다.

아이들이 가장 즐거워하는 프로젝트 학습이 되었고,
마스크를 쓴 채로 하는 학교생활에서 '운동장 맨발로 수업'을
아이들이 아주 좋아하여 단기간에 인성교육까지 할 수 있어
일석 삼조의 효과를 가져왔다.
2021년은 '맨발로 교육' 심화기라 할 수 있다.
코로나19 비대면 사회 속에서 「체·인·지 up 프로젝트」에
기반한 수업 문화 정착과 지속적인 실천하는 일이었다.
마스크를 낀 채 표정이 없던 아이들에게 절실하게 요구된
'어떻게 하면 웃음을 되돌려줄 수 있을까?'
모든 선생님들의 의지와 노력 덕분에
빨리 문제들이 해결되어 정상적인 학교생활이 되었다.

자연스럽게 복현초 아이들은 '마스크 쓴 맨발걷기'를 하면서
코로나19 우울도 극복되었다. 맨발걷기를 어릴 때 먹던
솜사탕만큼이나 좋아해 준 아이들!
어떤 아이는 자가격리되어 집에 있어야 함에도
맨발걷기 때문에 학교에 빨리 가야한다는 아이들!
"진리는 단순하고 실력은 꾸준함에서 나온다.
작고 단순한 것도 꾸준히 하는 사람이 행복을 잡는다."는
맨발학교 교훈처럼 매일매일 실천의 중요함을 알고,
아이들의 조름에 못 이기는 척 운동장 수업을 해 주신 선생님들!
이제 '맨발로 교육'은 체력·인성·지력을 한꺼번에 기를 수 있고
아이들이 가장 좋아하는 '명품 교육활동'으로 자리 잡았다.

맨발걷기를 1년 이상 실천한 선생님들은
“몸이 평온하면 40분 맨발로, 몸이 힘들면 80분 맨발로,
몸이 아주 힘들면 120분 맨발로”해보니 신기하게도
특제 약을 먹은 것처럼 좋은 컨디션으로 돌아간다고 했다.
코로나19 팬데믹 시대에 맨발로 교육은
매일 접하는 가장 쉬운 자연 백신이고 만병통치약이다.

맨발걷기 학교 중점 특색교육 5년,
학생들과 운동장에서 뒹굴며 보낸 맨발걷기에 대한
경험을 책으로 펴내려고 했을 때 막막하기만 하였다.
그러나 지금까지 ‘맨발걷기를 교육 현장에 접목시키고,
5년동안 실천한 내용을 소개하는 데 의미를 두자’고
마음을 먹자 위안과 용기가 생겼다.

‘맨발로 교육’을 시도하는 분들에게
『맨발로 행복한 아이들』이 교육현장에서
작은 나침반 역할을 할 수 있기를 감히 기대해 본다.
우리 교육 현장에서 ‘맨발로 교육’이 행복한 아이들의
웃음이 여섯 색깔의 무지개로 피어나기를 꿈꾼다.

비록 한 알의 밀알이 박토에 뿌려질지라도
시작은 미약하나 끝은 창대하리라!

맨발로 현장 시리즈 2

맨발로 행복한 아이들

초판 인쇄 2021년 9월 10일
초판 발행 2021년 9월 15일

지은이 / 이 정 안
펴낸이 / 박 진 환

펴낸 곳 / 만인사
출판등록 / 1996년 4월 20일 제03-01-306호
주소 / 41960 대구광역시 중구 명륜로 116
전화 / (053)422-0550
팩스 / (053)426-9543
전자우편 / maninsa@hanmail.net
홈페이지 / www.maninsa.co.kr

ISBN 978-89-6349-161-5 03810

값 15,000원